200人の東大生とその親100人に聞いてみた!

10歳からの

Creating Self-Motivated Learners:

How to Develop Your Self-Confidence
and Broaden Your Horizon

東大式
勉強術
入門

子どもの「好き」を「自信」につなげ、
「伸びる子」に育てる。

橋本拓磨
HASHIMOTO TAKUMA
［著］

Gakken

「10歳」の習慣がたいせつな理由

今回「10歳」にフォーカスして執筆したのは、10歳が子どもの成長にとって大事な時期だからです。10歳前後は心身ともに大きく成長することから「ゴールデンエイジ」と呼ばれます。一方で、この急激な心身の成長とともに、物事の捉《とら》え方や自意識も大きく変化し、今までより「できない」と感じることが増え、自己肯定感が下がってしまう子も少なくありません。この挫折は「10歳の壁」と呼ばれ、これを乗り越えられるかどうかがその後の勉強や生活、ひいては将来に大きく影響してきます。そうした時期だからこそ、親の関与や意識の差が大きな意味を持つと考えています。

私の10歳頃を思い返してみると、勉強について「させられていた」という感覚はあまりなかったように思います。また、周りの東大生に聞いてみると、勉強を「させられていた」というより「楽しんでいた」という人が多いと感じました。すると、こうした勉強への向きあい方や意欲の背景には、環境や周囲の影響などが少なからず存在するのではないかと自然と疑問が湧いてきたのです。

かくして東大生200人とその親100人へアンケート調査を実施することで、勉強に前向きに取り組める東大生の10歳頃の実態をつかんでいくという本書のコンセプトが決まりました。「勉強術」と題していますが、「机に向かせるコツ」「テストで満点を取る方法」といったことばかりではありません。勉強以外のことで自己肯定感を高め、それが勉強のやる気にもつながるという仮説のもと、幅広く生活習慣や趣味などについても調査しました。

本書ではアンケート結果を紹介するだけでなく、そこから「10歳の子どもにとって大切なこととは何か」「親にできることは何か」を考察していきます。結論は必ずしも一つに定まるわけではありませんでした。なぜなら、アンケートの回答が真っ二つに分かれるものも多くあったからです。答えは一つではありません。お子様の性格や環境に合った関わり方を見つける上での一助になれば幸いです。それではさっそく見ていきましょう！

目次
CONTENTS

Chapter 3

10歳からの東大式勉強術入門

趣味・習い事編

200人の東大生とその親100人に聞いてみた!

アンケート内容の一覧

「頭の良い子」はふだん何をしているのか、本書のテーマでもある「伸びる子の習慣」を解明するにあたって、200人の東大生とその親100人にアンケートを実施しました。

◆調査実施期間：2017年8月～2019年11月
◆調査対象：(調査実施当時)東京大学在学の1～4年生とその親
◆特に断りがない限り、「10歳頃」の状況について回答してもらいました。

東大式勉強術入門

Chapter 1 勉強習慣編

東大式勉強術入門

Chapter 2 生活習慣編

東大式勉強術入門

Chapter 3 趣味・習い事編

10歳からの東大式勉強術入門

Chapter

1

勉強習慣編

THEME

CHAPTER 1
01
THEME

東大生は勉強に対する抵抗感がない!?

中学、高校、大学、そして大人になっても「ずっと勉強し続けられる人」は、どんな状況でも自分を高めていける人になれます。そうなるために必要なカギは、「勉強に対する抵抗感がない」ということです。実際にまわりの東大生を見てみると、大学のテストに対しても「難しい」といいながらも1か月以上前から対策を始めていたり、普段の勉強の予習を自ら進めていたりと、勉強に対して抵抗感がありません。私自身も10歳当時は「抵抗感がない」どころか、むしろ「勉強好き」でした。親にせがんで塾に通わせてもらっていましたし、学校で習わない内容を塾で習うのが楽しくて仕方なかったのです。もちろん年々「好き」という気持ちは薄れることもあるのですが、この「勉強はつらいものではない」という感覚がそのあとの勉強の継続にも影響してきます。

Q

10歳頃
勉強は好きでしたか?

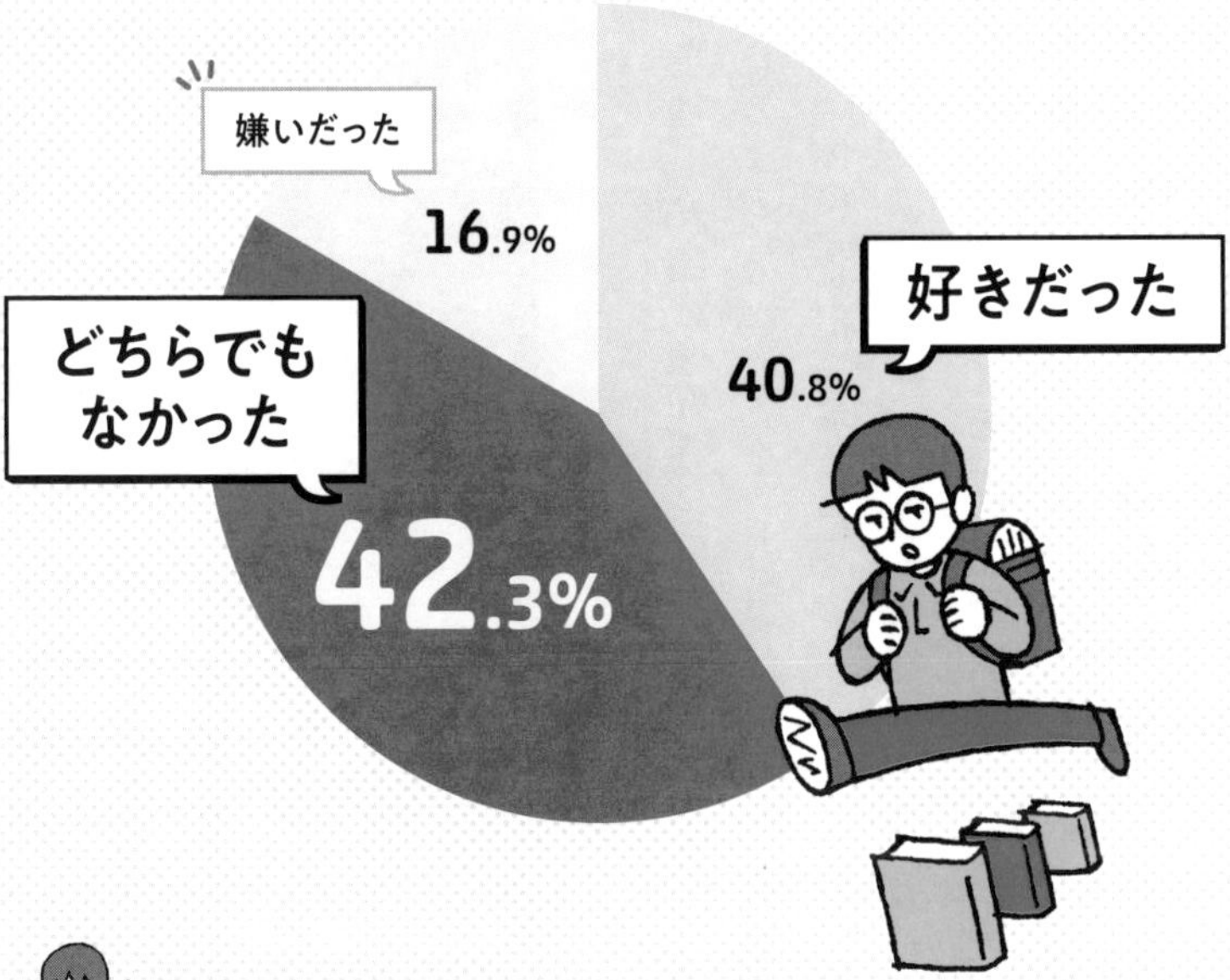

DATA

「好きだった」は全体の4割程度であるものの「嫌いだった」の割合の低さが目立つ結果に!

勉強が「好きだった」と答えた人は、あくまで全体の4割程度でした。「東大生であればほとんどが『勉強好き』と答えるのでは」と思った方も多いはずです。これは私にとっても意外な結果だったのですが、むしろ特筆すべきは「嫌いだった」の少なさのほうかもしれません。

小学3〜4年生で難しくなる小学校の授業

算数

3年生で割り算や分数・小数が登場したり長さの単位が増えたりして難易度が上がるため、つまずきやすい。4年生で面積やおよその数の概念が登場したりするため、つまずきやすい。

国語

3年生・4年生で各200語と、6年間で最も多い数の漢字を習う。

理科・社会

3年生から理科と社会の2科目が追加され、勉強する内容が一気に増える。

英語

「外国語活動」として3年生から新たに英語が始まる。

アンケートでは、「10歳の頃勉強は好きでしたか」という質問で、勉強に対する抵抗感について確かめました。アンケート結果だけ見ると、勉強が「好きだった」と答えた人はあくまで全体の4割程度でした。

小学3〜4年生には、だんだん学習内容が難しくなってくるため（➡表）、「勉強が好き」という子どもは減ってくる傾向にあります。ただ、「東大生であれば、習う内容の難易度が上がっても変わらず『勉強好き』が多い」と予想した方もいるはずです。

しかし、注目すべきなのはそこではなく、勉強が「嫌いだった」人の割合です。全体の17%程度と少なく、このことからは東大生が小さい頃から「勉強に対して抵抗感がなかった」と言えそうです。

「勉強に抵抗感がない」ことが壁を超えるカギ

この「勉強に抵抗感がない」という状態が、その後も勉強を進めていく上でのカギになります。冒頭でも書きましたが、子どもの成長過程において10歳を超えてくると、成長の個人差や学習内容の難化などから、いわゆる「10歳の壁」というものに直面します。部活や習い事、進級進学と多忙になることで生活環境も大きく変化しますし、何より勉強のレベルが

難しくなります。ものごとを客観的に捉えることができるようになり、知能面もより深くなっていく発達段階である反面、発達の個人差も顕著に表れるようになり、学校の勉強に対応できなくなってしまう、というのが「10歳の壁」といわれる現象です。授業の中でも知能の発達に合わせ、「割り算」「分数」「理科・社会」など新しい学習内容が増え、難易度も上がっていきます。だんだん難しくなっていく学習内容にしっかりついていくには、「わからないこと」が出てきたときに「わからないことに立ち向かえる」ことが重要になってくるのです。もちろん「勉強が好き」であるに越したことはないのですが、無理に「勉強を好きにさせる」よりも、まずは「勉強することに苦手意識や抵抗感がない」という状態をつくることで、だんだん難しくなっていく学習内容に向き合い、勉強を続けていくことができるようになります。

好きにさせようとすると、かえって抵抗感を生むことも

当たり前の事として抵抗感なく勉強に向かえる

否定せず、一つひとつ丁寧に対処してくれる存在

では、この「勉強に抵抗感をもたせない」ためにはどうすればよいのでしょうか。いちばん大事なことは「一つひとつ丁寧に、わかるまで見てあげる」人の存在です。特に高学年あたりから「わからなくなった」「失敗した」という経験によって挫折してしまったり、「勉強をやりたくない」と思ってしまったりする場面が増えてきます(勉強に限らず、何かに取り組むときにそういった感情を抱き始めます)。そうした否定的な感情になっているときに絶対にやってはいけないのが、「なぜこんなこともわからないのか」と無理やり勉強をすすめること。強制されてしまうと否定された

と思ってしまい、「わからないことは悪いことなんだ、自分はあまり勉強に向いていないのかもしれない」と思ってしまうことで、無意識のうちに勉強することから心が離れていってしまいます。むしろ、「わからない」という状態を認めてあげる話し方、たとえば「わからないことがあるのは当たり前だよ。一つずつわかるようになっていけば大丈夫」というような話し方を保護者が徹底していくといいでしょう。そして、塾に通わせるなどして「勉強について何でも聞ける存在をつくってあげる」「学校の○○先生に聞いてみたら？」と促す」など、わからないことについて一つひとつ解消していけるような環境をつくってあげることが重要です。一つひとつ対処してあげながら、勉強に対する抵抗感がない状態を保っていけるようにしましょう。

勉強の捉え方が変わる!
声のかけ方リスト

×勉強への抵抗感が芽生えてしまう、「やってはいけない」声のかけ方

習ったばかりなのにもう忘れたの？

こんな簡単なこともわからないの？

ほかの友達はみんな解けてるでしょ？

わからないことは自分で調べなさい

○抵抗感をなくすために効果的な「やるべき」声のかけ方

間違えたことは仕方ないから、
なんで間違えたのか一緒に考えてみよう

わからないことは一つひとつ
わかるようになっていけば大丈夫

わからないことは学校の先生に
こうやって聞いてみたら？

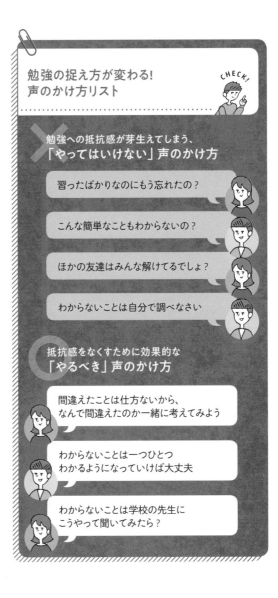

CHAPTER 1

02

THEME

学校の宿題は「勉強癖」をつける第一歩

小学生の家庭学習でいちばん身近な例は、やはり「学校の宿題」です。基本的にどの小学校でも課されるので、毎日の宿題で苦手意識を抱えてしまったり、サボり癖がついてしまったりすると、勉強が嫌いになってしまいます。宿題を習慣化させ、〝歯みがき〟をするのと同じくらい〝当たり前〟のことにすることで、困難な勉強でもしっかりやり遂げられる「勉強癖」をつける第一歩にしていくことができます。もちろん東大生なら小学校の宿題はほとんどやっていたはず、ということで、アンケートでは東大生の宿題事情について聞いてみました。宿題をどのようにこなしていけば、「勉強癖」をつける勉強ができるのか、習慣化のヒントをアンケートから探っていくことにします。

Q

小学校の宿題は毎回取り組んでいましたか?

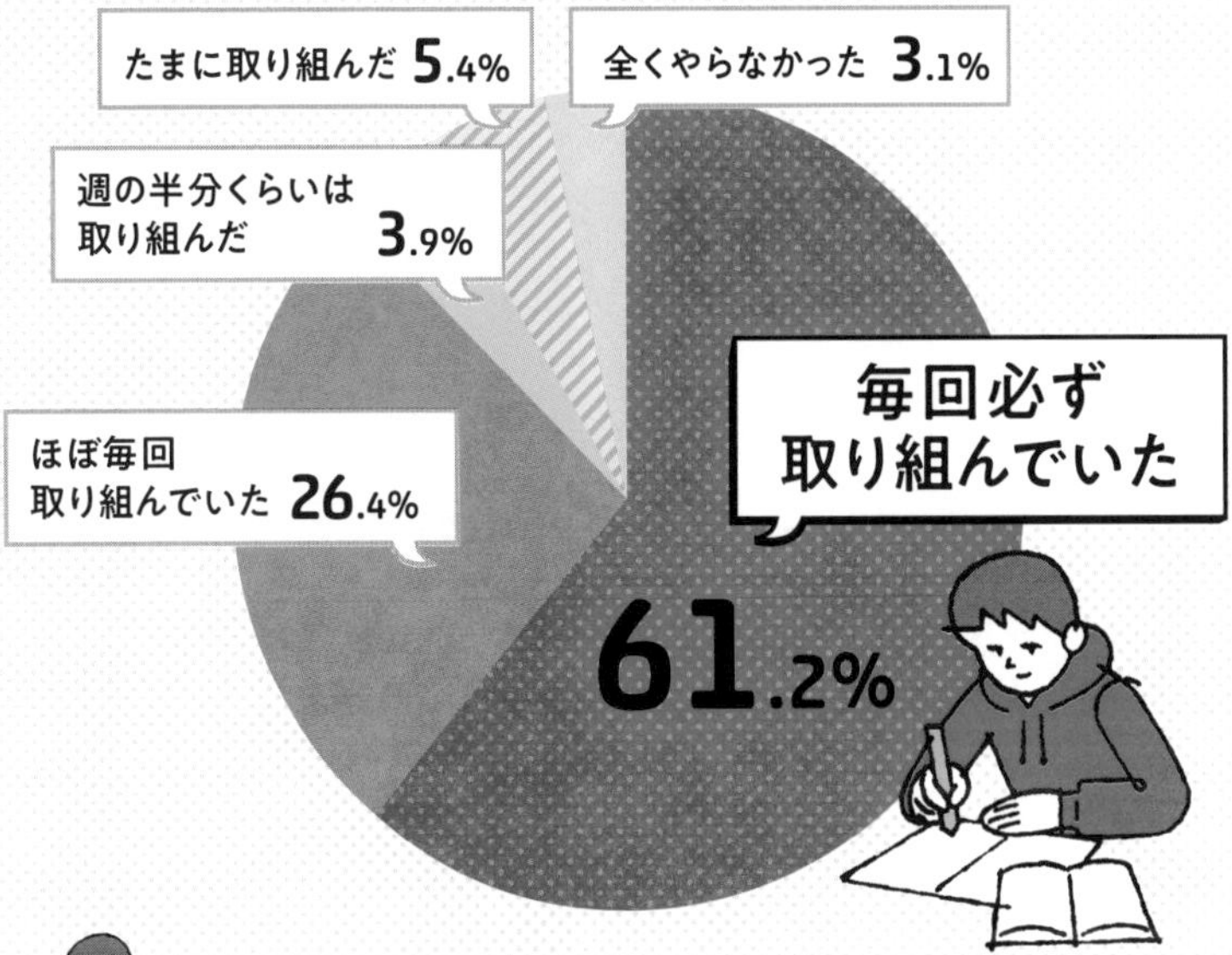

DATA

「毎回必ず」「ほぼ毎回」でほぼ9割! やるべきことはきちんと取り組むべし!

10年前の宿題について聞かれて「毎回必ず取り組んでいた」が6割を超えるのが、それだけ意識して取り組んでいた証でしょう。「ほぼ毎回」も含めると87.6%。宿題に取り組むのは大前提といえそうです。

宿題をやることで身につくこと

1. 「やるべきこと・必要なことだからやる」という思考になり、勉強癖をつけることができる

2. 学校でやったことはきちんと理解できる、という自信につなげられる

3. 基本的な計算や漢字など、勉強をする上での土台を確実に身につけることができる

「学校の宿題」については、ご家庭でも「いや、やるのは当たり前でしょう？」と捉える方が多いと思います。全国学力テストと同時に実施されている学習習慣に関するアンケートでも、宿題を「やる」「どちらかといえばやる」と答える小学6年生が95％ほどでした（ただし、国立・私立を除く）。今回のアンケートでも9割近くが「必ずやっていた」「ほぼやっていた」という結果になっています。

ところで、この本をお読みになっている方の中には、中学受験を意識している方もいらっしゃるのではないでしょうか。その場合、やはり気になるのが「塾の宿題」と

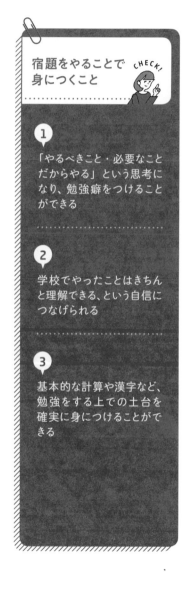

「学校の宿題」の両立です。「意外と塾の宿題が多くて、学校の宿題まで手が回らない」というご家庭を多く目にしますが、結論から言うと、それでも学校の宿題はやるべきです。今回のアンケートでも中学受験を経験している回答者が多くを占めている中、これだけの宿題達成率になっていることからも、塾の宿題と学校の宿題は両立すべき、むしろ学校の宿題にきちんと取り組むことは「前提条件」です。

学校の宿題に取り組むことで「勉強癖」をつける

学校の宿題に取り組むことの意義の一つは、先に挙げた「勉強癖」の確立です。実際、東大合格者や進学校の学生に聞くと、学校の宿題は「ササッと終わらせていた」、場合によっては「授業の後に5分くらいで終わらせていた」ということもよく耳にします。実際に私も家で宿題をやっていた記憶はほぼなく、授業の後半や休み時間のはじめ2、3分で済ませてしまっていました（もちろんそのあとに遊んでいました）。宿題に対して「やるべきもの」という認識をもちつつ、とはいえ「すぐ終わるものなんだから、ササッと片づけてしまおう」という感覚は、東大生が多かれ少なかれ感じたことのあるものなのです。一度この感覚をつかめれば、「学校で出されている問題にはきちんと取り組める」、つまり「学校でやったことはきちんと理解できている」という自信につながってきますし、それがそのまま勉強に対する自信にもつながります。何より、「やるべきことだし、やればすぐ終わるんだからやる」という発想が、そのまま「勉強はやるものだ」という感覚（勉強癖）を身につけるきっかけになるのです。

「短時間で正確に終わらせること」を意識する

学校の宿題に取り組む意義はもう一つあります。学校の宿題は「学習内容を正確に速く処理する力」を養う上で非常に重要になってきます。宿題をササッと終わらせるためには、その授業で習ったことを理解していなくてはいけません。宿題をすぐに終わらせようという意識がそのまま、「授業をしっかり聞いて、授業内で理解してしまおう」という意識につながるのです。さらに「短時間」を意識して計算ドリルの宿題をやると、四則演算のスピードを意識的に上げるようになるので、処理能力そのものが向上します。もちろん、授業の中できちんと理解していることが前提なので、「正確さ」と「速さ」を両立して身につけられるのです。

学校の宿題は「勉強癖」をつける上で重要なだけでなく、**「短時間で正確に終わらせる」ことを意識させることで、計算や読解などの処理スピードを向上させる訓練になる**ということです。ぜひ、「宿題は短時間で終わらせてしまう」ことを徹底しましょう。その際に「計算ミス」や「漢字のとめ、はね、はらい」などが雑になっていたり、ミスが目立ったりするようであれば、修正してあげることを意識してください。

CHAPTER 1
03

THEME

宿題以外の勉強で「苦手」を克服

宿題の次は、それ以外の勉強についてです。中学受験を経験していたり、塾に通ったりしていれば、もちろん塾の宿題に取り組む必要が出てきます。私の場合は、小学5年生の夏から塾の宿題がありましたが、それまでは通信教材や「百ます計算」をやっていました。何かしら学校以外でも勉強することで、勉強は「やるのが当たり前」という意識が植えつけられていたように思います。アンケート結果をもとにもう少し分析していきましょう。

Q 小学校の宿題以外で、平日どのくらい勉強をしていましたか?

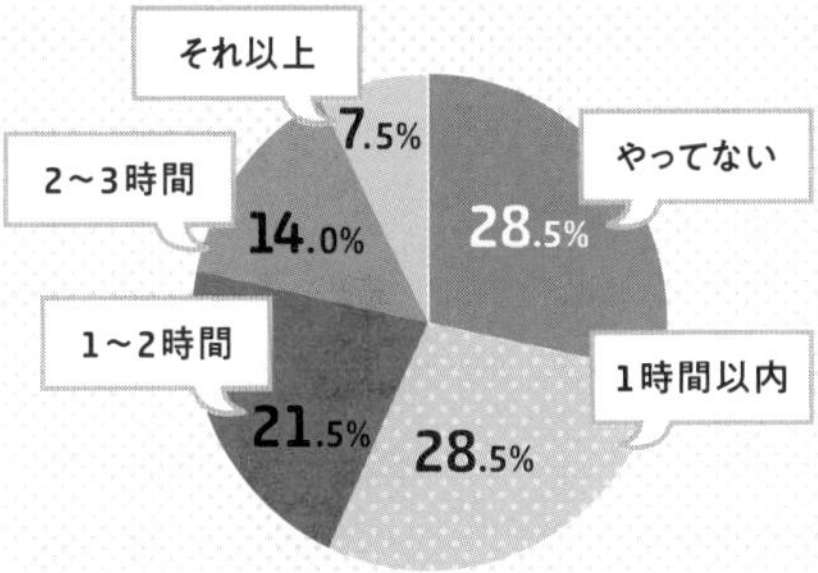

Q 小学校の宿題以外で、休日どのくらい勉強をしていましたか?

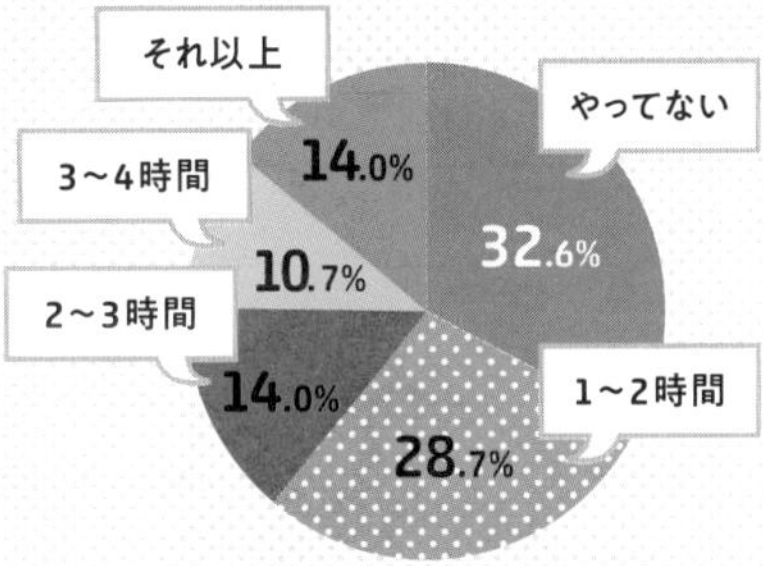

DATA

休日は「4時間以上勉強」も10%超え!通塾率も相まって割合は高めの結果に

通塾率（➡P.099）が高いこともあり、学校の宿題以外の勉強は平日・休日ともに7割近くがやっていたと回答。なんと休日に4時間以上も勉強していた人が10%を超える結果となりました。

ここまで一貫して「勉強に対して抵抗感をもたせない」ことが重要であると書いてきました。「学校の宿題以外の勉強」でもいえることは同じです。早いうちから勉強ができるようになっていれば、そのあともしっかり勉強し続けることができるとはいえ、つらい勉強を無理強いしてしまうと、かえって勉強に苦手意識を感じてしまいます。実際、東大生の中でも3割程度は「学校の宿題以外の勉強はしていない」と回答しているように、「宿題＋α」での勉強はしなければならないということではありません。

その一方で、塾に通っていなくても「宿題以外に勉強していた」という人が一定数いるのも事実（図）です。私自身も塾に通うまでは「進研ゼミ小学講座」などに取り組んでおり、そういった通信教材や市販の「漢字ドリル」「百ます計

宿題以外の勉強をしていましたか？（塾に通っていない人を対象）

（東大生アンケート）

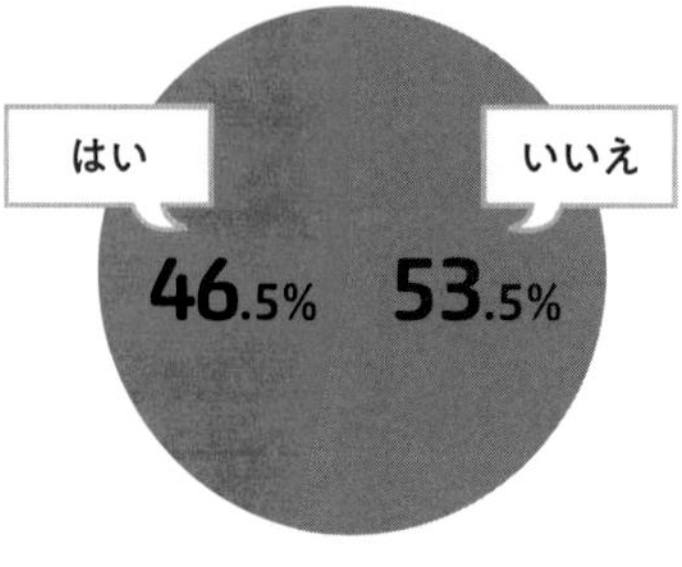

算」「計算ドリル」などに取り組んでいた人は、東大生にも多くいます。

学校の宿題以外の勉強が必要になるパターン

では、どういう場合に「学校の宿題以外の勉強」をするべきなのでしょうか？　大きく分けると二つのパターンがあります。

一つは「中学受験をする」というパターンです。中学受験の必要性やメリット・デメリットはTHEME12でも触れますが、中学受験をすると決めれば相応の勉強が必要になります。中途半端に勉強をして受験に失敗してしまうと、その挫折があとの学習に響いてくることも多いため、「合格」という結果を目指し続けるのは前提の上、たとえ結果が悪くても、「きちんと勉強をやりきった」という経験を積ませることが重要になります。そのためにも、「中学受験をする」と決めた場合は、できることはすべてやるつもりで、学校以外の勉強（塾に通うなど）をやる必要があります。

もう一つは「学校の授業内容に苦手意識がある」場合です。学校の授業でつまずいている場合、速やかに解消できるようにしましょう。ほんの小さな理解不足でも、授業内容が難しくなるにつれ学習内容に大きく響いてきますし、一つの単元の理解不足がほかの単元にも影響してきます。こうなると苦手とする範囲が増えていき、勉強が嫌いになってしまう懸念があります。苦手な範囲は「小さいうちに」克服するのがベストです。そのために、ご家庭で学校の授業内容を復習するタイミングを設けてもいいでしょう。具体的には、宿題で正答率が悪かったり、子どもが授業内容について「わからない」と話したりしている単元について、市販の参考書や通信教材で、復習しつつ基礎を固めることが重要です。この際、無理に問題を解かせても、ただでさえつまずいている分野なので、なかなか身につきません。あくまで「苦手は誰でも抱えること」、「今解消しておけば、今後の勉強が圧倒的に楽になるということ」をしっかり伝

小さな苦手

ひとつの苦手があとで習う内容につながっている。
小さな苦手のほうが対処しやすい

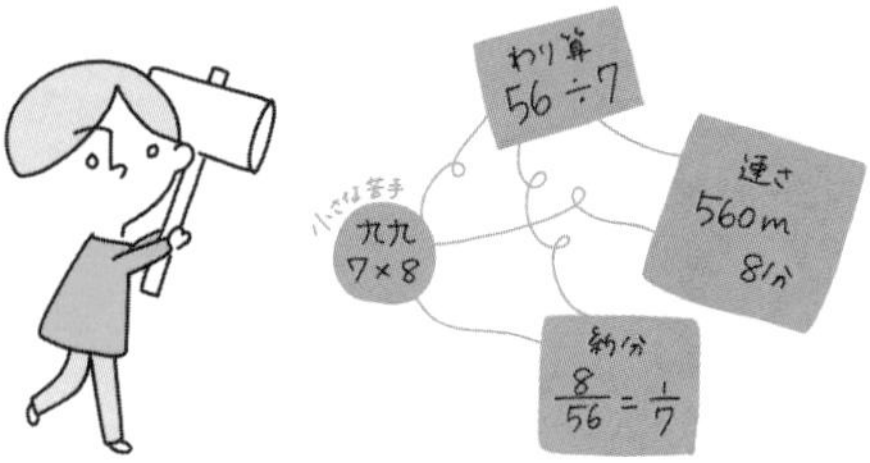

え、無理なく取り組むようにします。たとえば、別の範囲の宿題が早く終わったときなどは、宿題の内容がきちんと理解できているという満足感や自信があるので、自分の苦手にも向き合いやすいでしょう。

苦手な分野のテストなどで点が低いと、勉強に関する自信は少しずつ失われてしまいます。逆に言えば、学校のテストでしっかり高得点を取ることができていれば、「自分はきちんと理解できている」「勉強すれば点数が取れる」という自己肯定感が芽生え、勉強に対して積極的に向き合うことができるようになります。テストでつまずかないためにも、苦手が出るたびに「学校以外の勉強」で補えるようにしましょう。

CHAPTER 1
04
THEME

「勉強しなさい」の言い過ぎは逆効果！

勉強しない子どもに対して、「勉強しなさい！」と言ってもいいのだろうか、と悩むことがあるのではないでしょうか。また、「勉強しなさい！」と言いたくない、どうやったら言わずに済むか、ということもよく聞かれます。私自身は「勉強しなさい」と言われた記憶はなく、きちんと宿題はこなして、それ以外は好き勝手にしていました。勉強に抵抗感がなかったので、そもそも「勉強しなさい」と言われる前に、自ら進んでやっていたのだと思います。また、逆の見方をすると、「勉強しなさい」と言われないからこそ、自ら進んでやるのが当たり前になっていたのかもしれません。アンケート結果を見ながら、どうすればよいかを考えていきます。

Q

親から「勉強しなさい」と言われたことはありましたか？

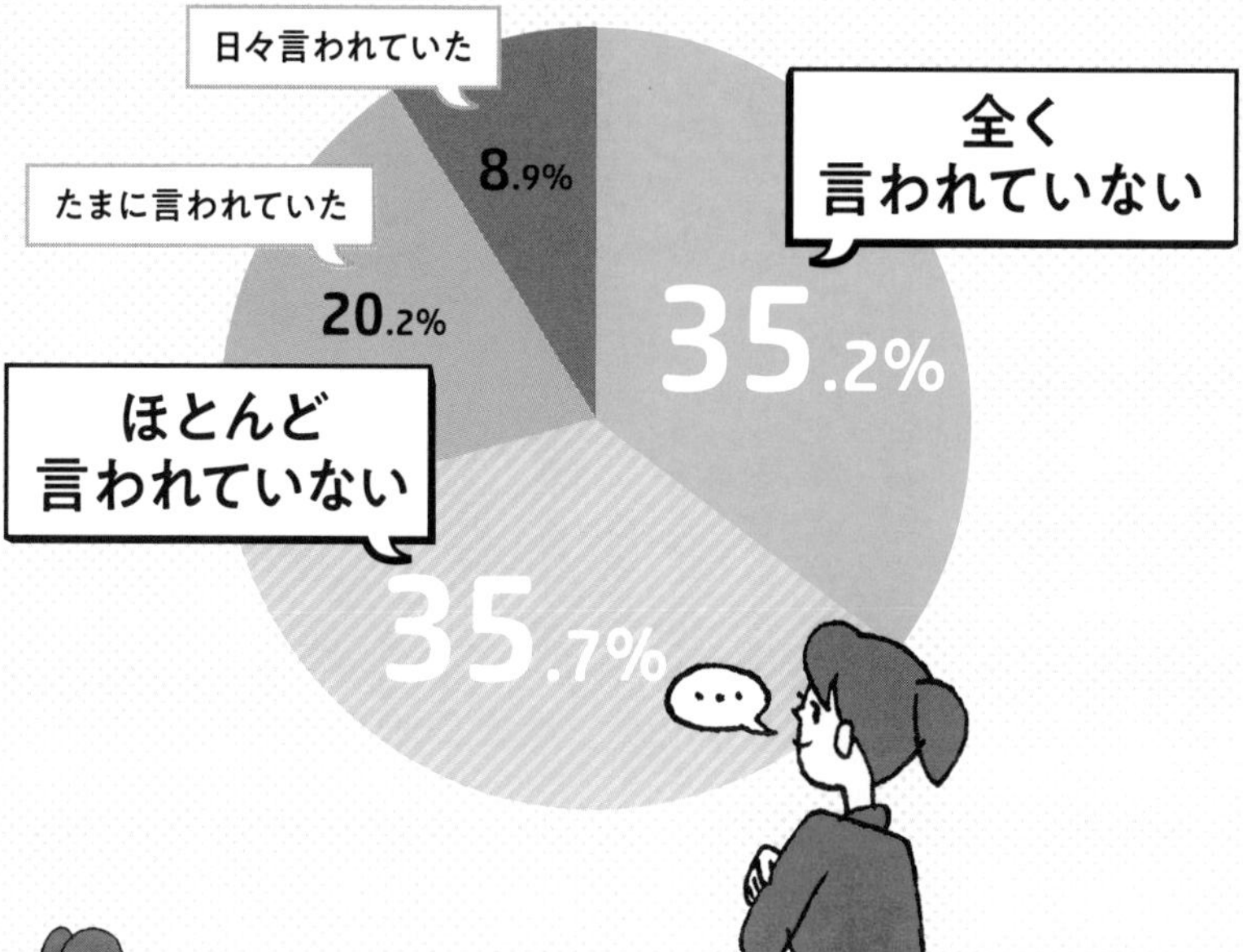

DATA

「勉強しなさい」とほとんど言われていなかった人が7割。

日々「勉強しなさい」と言われていた人は1割未満で、全体の7割は「ほとんど言われていない」「全く言われていない」という結果になりました。どのような背景があるのでしょうか。

「勉強に抵抗感をもたせない」ためには、「勉強しなさい」を言い続けないことは大切なポイントの一つです。もちろん勉強を「全くしない」状態を放置しておくのは良いことではありませんが、だからといって日々「勉強しなさい」と言うばかりではいけません。子どもは自分なりに「やるべき勉強をしていないという罪悪感」を抱えた状態でいます。それでも勉強をしないのは、やはり「勉強よりやりたいことがある」「勉強より楽しいことがある」からです。常に「勉強や宿題をしなくてはならない」という意識と「やりたいことをしたい」という意識の葛藤が起こっているわけです。葛藤を自覚しているのに、親から「勉強しなさい」と言われたら、「そんなことわかってる」と返してしまうのは当然です。一方、親も子どもと勉強の話をするた

10歳頃、勉強は好きでしたか?
(日々「勉強しなさい」と言われていた人を対象)

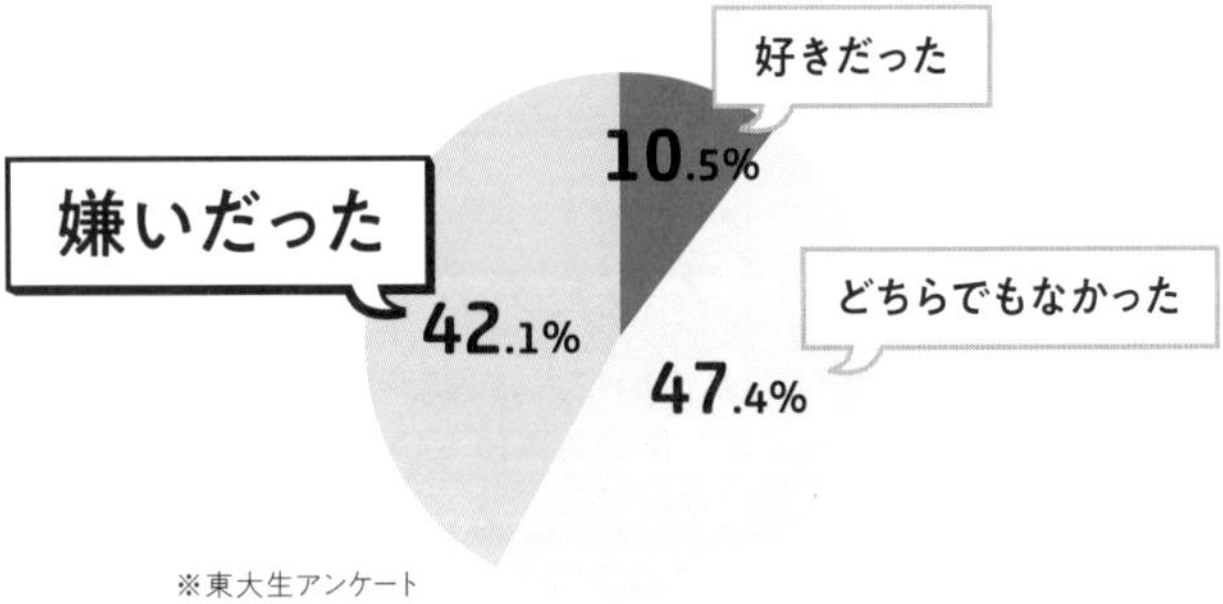

※東大生アンケート

びに口げんかになってしまうのは、なるべく避けたいところですよね。これが続いてしまうと「勉強は親に言われてやるものだ」という条件反射に陥ってしまい、ますます「言われないと勉強しない状態」になってしまったり、勉強そのものを嫌いになってしまったりします。

怒られてばかりだと抵抗感が増す

東大生のアンケートでは、「勉強は好きでしたか?」という質問（⬇P.011）をしていましたが、全体の約1割弱いた「日々勉強をしなさいと言われていた」人たちのうち、実に42%が

10歳頃、勉強は好きでしたか?
（「勉強しなさい」と全く言われなかった人を対象）

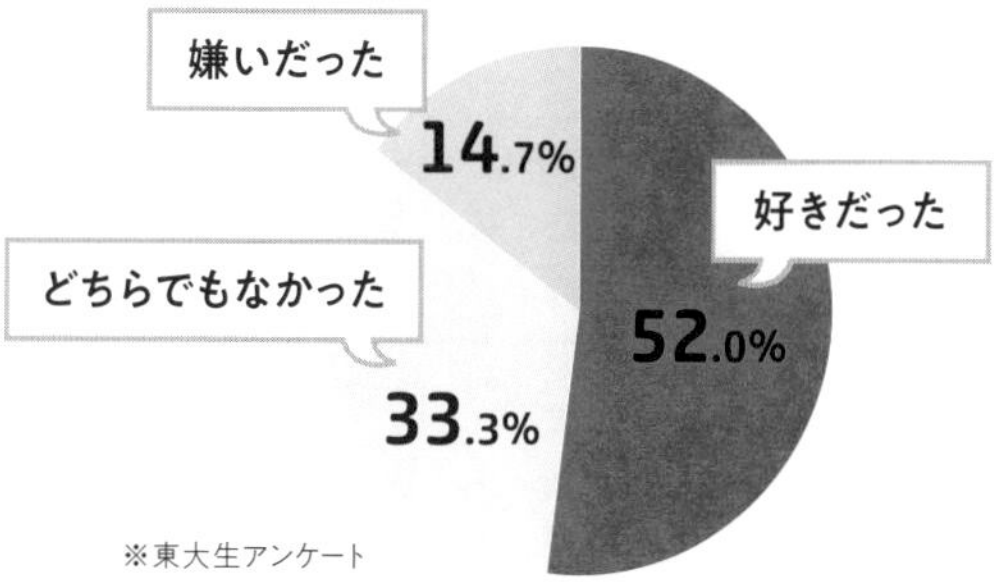

※東大生アンケート

「勉強は嫌いだった」と答えています。（P.032）「どちらでもない」という人でも「暗記をしろと強く言われていたせいか、暗記が嫌いになり、歴史などの暗記を多く必要とする科目が大嫌いになった」という声もあり、勉強をやらせる上でのマイナス面もありそうです。

その一方で、「勉強しなさいと全く言われていない」人たちを見ると「勉強が好きだった」が半分以上を占めているという対照的な結果になりました。もちろん「もともと好きだったから勉強を自発的にしており、何も言われなかった」という面もあるとは思います。しかし、「勉強のことで厳しくせずに放っておいてくれたからか、勉強が嫌いにならなかった」といった声もいくつかあったように「いつも勉強のことで怒られる」という状態を避けて、勉強に対する抵抗感をなくしていくことは大事なことです。

人は厳しく言われ続けたり、結果に対して叱責されたりすると、どうしても「自分にはこの領域はできない」と思うようになってしまいます。私は運動に関してはまるでダメで（野球や卓球をやっていたのですが、何一つ得意なものはありませんでした）、周囲からも「へたくそ」と言われ続けていました。親には「ゲームばかりしないで外で遊びなさい」を言われ続けていたのですが、キャッチボールすらうまくできない自分は「外で遊びなさい」と言われても、どうも気が向かなかったのを覚えています。好きでもないことを、「言われながら嫌々」続けることほどつらいものはありません。

とはいえ、勉強を一切しないという場合は、どうしても「勉強しなさい」と言いたくなってしまいます。そのようなときは、無理に勉強させる方向にもっていくのではなく、なるべく具体的にルールを決めることが重要です。ただ「勉強をしなさい」と言うのではなく、「宿題は学校の勉強を身につけるためのものだからやらなくてはいけない。宿題が終わったら好きに遊んでよい」というようになるべく具体的にルールを決めることで、子どもが納得する形で「あとはルールに従って勉強するだけ」の状態をつくっていくことが重要です。

嫌な体験
“勉強しなさい”と
言われ過ぎると
勉強が“嫌な体験”に
なってしまう

抵抗感がない
プレッシャーが
ないので
抵抗感が生まれない

子どものやる気を引き出すのは「ご褒美」ではない

やらなくてはいけない勉強に取り組んでもらうために、「勉強しなさい」と厳しく言うことがマイナスにはたらいてしまう、ということをTHEME04で取り上げました。ここからは、どういった工夫で勉強のやる気を高め、勉強をやるように意識づけていたのか？　ということについて触れていきます。パッとイメージが湧くのは「ご褒美を与える」とか「褒めて伸ばす」というように、うまくモチベーションをコントロールするやり方ですが、果たしてどういったやり方が効果的に「勉強習慣づくり」を促すことができるのでしょうか。

Q

勉強のやる気を引き出すために気を遣っていたことは何ですか?

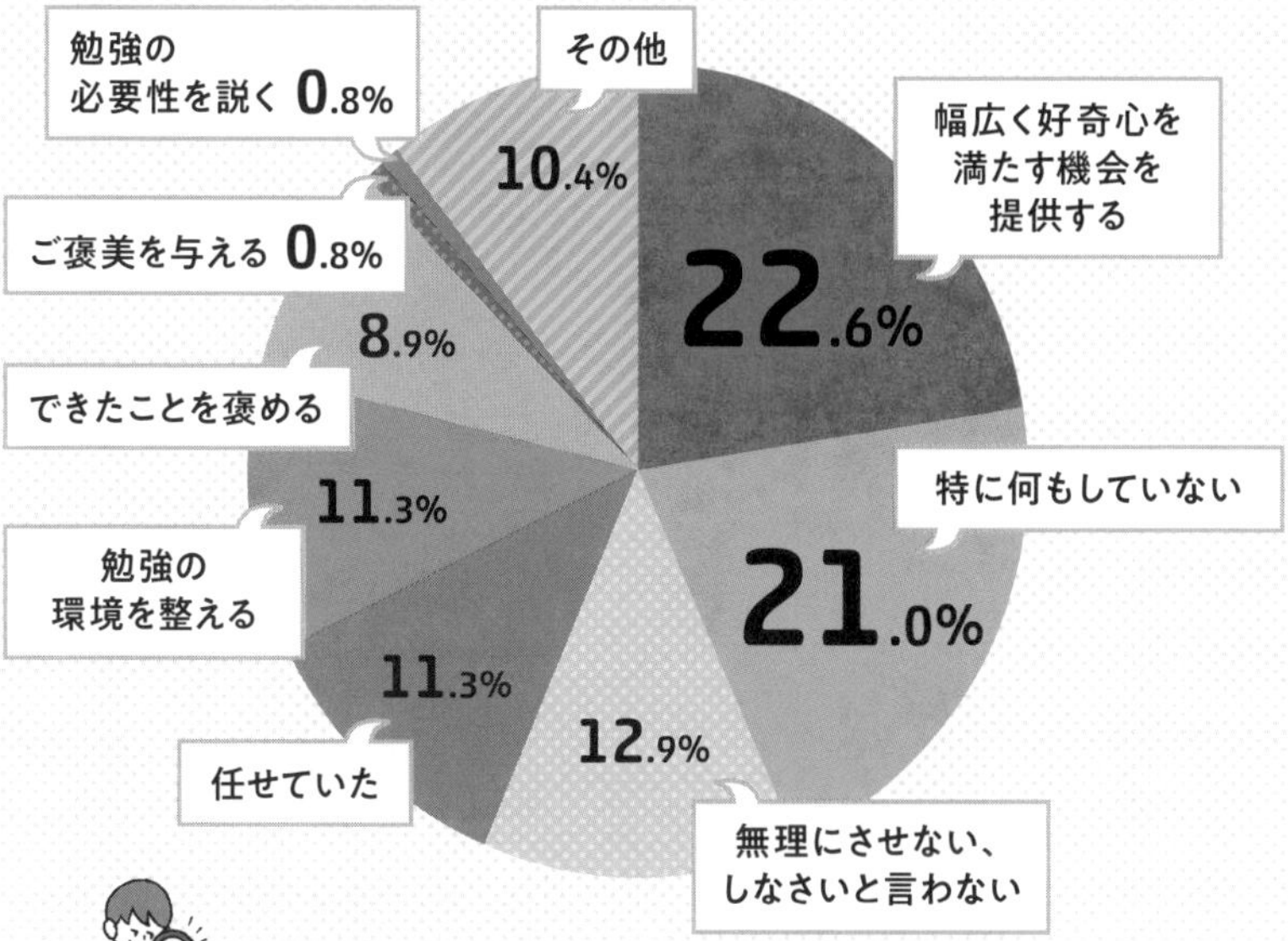

DATA

「幅広く好奇心を満たす機会を提供する」を筆頭にさまざま

勉強のやる気、という点では「どこかへ連れていく」「何でも調べられるようにいろいろ図鑑などを置く」など「幅広く好奇心を満たす機会を提供する」という項目がトップで、ほかにも「(勉強部屋など)勉強の環境を整える」「できたことを褒める」といったものも挙がりました。背景には何があるのでしょうか。

「勉強のやる気を引き出すために、どんなことに気を遣いましたか？」というアンケートを東大生の保護者に自由記述形式で実施しました。「質問されたことにはできるだけ答える」「子どものやりたいと言ったことはすべてチャレンジさせた」といった「幅広く好奇心を満たす機会を提供する」という回答が最も多く見られたほか「勉強することを押しつけない」「勉強をやらされていると思わせないようにする」という、THEME04で触れた「勉強をしなさい、と言わない」に近い回答も全体の13%ほど見られました。

いちばん多く挙げられていた「幅広く好奇心を満たす機会を提供する」ということには、「子どもがその中から強く興味をかき立てられるものに出合い、好きなこと・打ち込めることを見つけられる」という効果があります。一見「好きなことを見つける」と勉強に割く時間が減ってしまいそうに思えますが、逆に勉強にも打ち込めるようになる効果が隠されています。ここでは得られるメリットを二つ紹介します。

「好きなこと」がある子は強い

一つが、「勉強に関連した事柄に興味をもつことで勉強のやる気が上がり、その結果、自発的に勉強するようになる」ということです。すると、次第に教科書を先にどんどん読んだり、知らないことを知る楽しさを発見したりするなど、「勉強することで、できないことができるようになるのが楽しい」「新しいことを知ったり、問題を解いたりするのが好き」という感覚が芽生えます。

もう一つが「自分の興味があることに時間をかけるために、勉強を早く終わらせる」ことが期待できるということです。じつは、私はどちらかというとこのタイプで、図鑑を見ていろいろな想像をしたり本を読んだりと、好きなことや興味があることを早くしたい！　と思いながらも、「宿題が

type 1

好きなことが
そのまま勉強につながる

type 2

「好きなことをやりたい!」を
原動力に勉強もがんばる

終わってから」というルールを守るため、急いで宿題を終わらせるようにしていました。しかし、このやり方だと確実に宿題が終わる反面、やっつけで終わらせてしまったり、そもそも「宿題をやってからほかのことをやる」というルールにしていないと実行できなかったりするので、ここを保護者の方がきちんと管理し、「机に30分向かって、その結果を見せてもらう」「字は丁寧に書く」などの具体的なルールにしてあげることが重要です。

いずれにせよ、子どもによって好きになる分野は違ってきますので、純粋に「好きなことを見つけやすいようにいろいろなことに好奇心をもたせて、知りたいと思ったことはより深く知ることができるようにする」というところを意識してあげるだけでもよいのです。興味をもってもらう機会を幅広く与えるには「興味をもちそうなテレビ番組や本を一緒に見る」「いろいろなところに連れていく」といったことができます。その中から子どもが好きなもの、打ち込めるものを見つけられるようにするには「気になったことに真摯に答えてあげたり、自分で調べられる環境を整えたりする」というのも重要でしょう。

「褒め方」に工夫を

もう一つここで注目したいのは、9%の「できたことを褒める」という回答です。詳しい回答を見ると、いずれも「褒める（〝おだてる〟ではない）」「結果よりも努力を褒めるようにした」「成績が良かったときは褒めた」のように、勉強にきちんと取り組んだことに対してや、それによって成果が出たことに対して、褒める人が多いことがわかります。

「褒めて伸ばす」ということはよく言われる話ですが、手放しでとにかく褒めるのはあまりよくありません。というのも、「褒める」を繰り返されていると、褒められるのが当たり前になってしまい、「褒められないことがわかると途端にやらなくなる」ということが起こってしまうからです。

褒め過ぎると

自発的にやっていても
褒められ過ぎると…

慣れてしまう

褒められても何も感じない
または
褒められないとやらない

これはいくつかの心理学の実験でも言われていることですが、たとえば、せっかく自発的に勉強や宿題をしていても「よくやってるね、えらいね！」「すごいね！」とすぐに言ってしまうと、モチベーションが「自発的にやりたいからやる」から「褒められるためにやる」に変わってしまい、その後続けても褒められないことがわかると途端にやめてしまう、ということが起こります。これは「できたらご褒美をあげる」という方法にも同じことが言えます。今回のアンケートでも「（具体的なものなどの）ご褒美を与える」という回答は全体の1％以下にとどまりましたが、やはりご褒美のために勉強をする、ご褒美がないと勉強しない、ということが起こりがちであるため、あまりおすすめできる方法ではありません。

　ではどう褒めればいいのかというと、なるべく

good

具体的に褒める
次のステップを提示してあげる

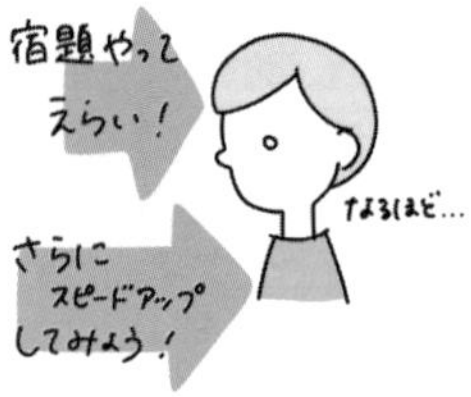
宿題やって
えらい！
なるほど…
さらに
スピードアップ
してみよう！

bad

ただ褒めるだけだと
慣れてしまうだけ

すごーい！
えらーい！

「褒めた理由をプラスする」ことと「さらなるステップアップを期待する」ということを盛り込むようにします。これは生徒を指導するときにも意識していることで、10歳くらいの子に限らず大事なことなのですが、たとえば「今日はきちんと宿題をやってたからよかったよ。次は30分で終わるように頑張ってみようか！」のように、「なぜ褒めているのか」「次のステップを提示する」の2点を盛り込んであげましょう。「このようなことをすることが大事なんだ」「でもまだ完璧じゃないんだ、次も頑張らないといけない」という心情になるので、継続することにつながります。

英会話教室で「英語苦手」を予防！

「勉強に抵抗感をつくらない、苦手意識をなくす」という点で最後にお伝えしたいのが、「英語に対する抵抗感」についてです。小学校から英語の授業が始まりますので、なるべく苦手意識は抱えてほしくないですよね。ましてや英語は大学受験までほぼ必須科目であり続けるため、初期につまずいてしまうと、その後の学習にも影響が出てしまいます。私は幼稚園の頃から英会話教室に通っていました。文法事項などはあまりやらず、会話・発音がメインではありましたが、その経験が英語に対する「できる」感覚につながっていると思っています。ここでは、東大生の「英会話教室」事情をアンケートから探りつつ、英語苦手にならない方法を考えていくことにします。

Q

英会話教室に通っていましたか?

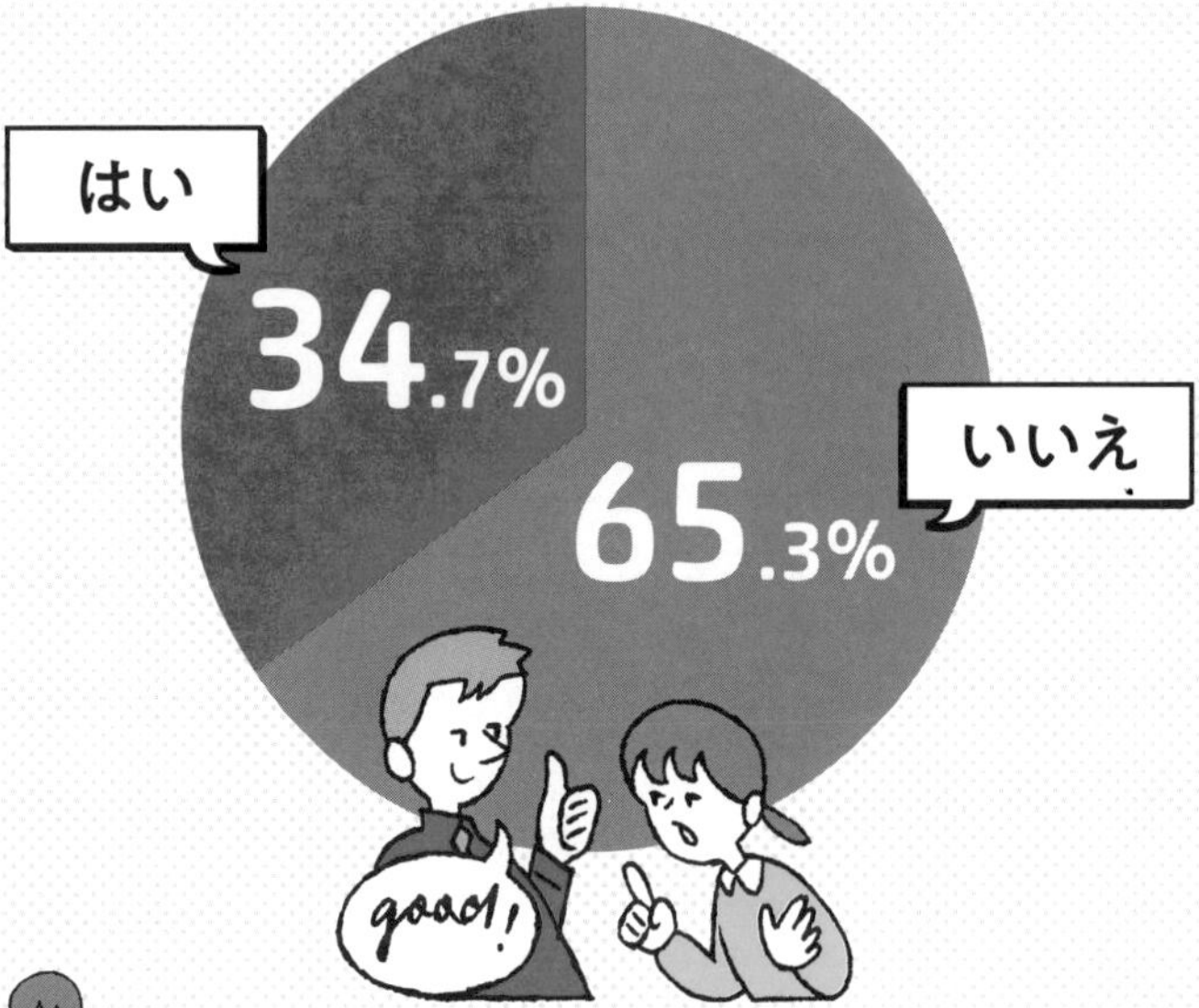

DATA

「通っていなかった」が多いが、全国のデータよりは多い傾向

東大生に「英会話教室に通っていましたか？」と聞いたところ、「はい」と答えた人が全体の34.7%となりました。「いいえ」のほうが割合としては多いですが、全国の小学生と比べると「はい」の割合が大きい傾向にありそうです。詳細に触れながら、「英語苦手」との関係を見ていきます。

アンケートによれば「英会話教室に通っていた」とした人が34・7%でした。一見少ないように見えますが、ベネッセ教育総合研究所の調査（2014年）によると、「学校の授業以外で、英語や英会話の学習を行っていますか」という質問に対して「行っている」と答えた小学生が18・8%、小学3年生で20・1%という結果になっています。この回答には英会話教室だけでなく塾の英語の授業、通信教育の教材なども含まれているため、実際に「英会話教室」に通っている人は回答のうち約半数の55・1%にとどまっています。この比率から考えると、小学3年生で英会話教室に通っているのが10%程度ですので、東大生の34・7%は高いといえそうです。

英語を身近な存在にすることで抵抗感をなくす

英会話教室に通うことのメリットは、「早くから英語の会話に触れることで、英語への抵抗感をなくす」ということが挙げられます。私自身も英会話教室に早くから通っていましたが、「よく意味はわからないけど、英語を使っていろいろなゲームをするのは楽しい」「〇〇は、英語だとこう言うんだ」といった新しい発見がありました。もちろん細かい意味や文法などはよくわかっていないのですが、「できる・できない」にかかわらず「楽しい」環境で直感的に英語を使って話していくことで、「英語」に対する抵抗感を抱かずに済む土台ができたと感じています。

小学校でも3年生から外国語活動が、5年生から教科としての英語の授業がありますが、それに加えて英会話教室にも通うことができれば、より英語を身近に感じる環境が整います。英会話教室は学校と比べて少人数での授業となることが多いため、より発言の機会も多くなります。外国人講師がいる教室も多いですし、「ネイティブスピーカーとコミュニケーションを取れた」という経験が英語をより身近に感じるきっかけになるので、英会話教室に通わせる

学校の授業以外で、英語や英会話の学習を行っていますか?

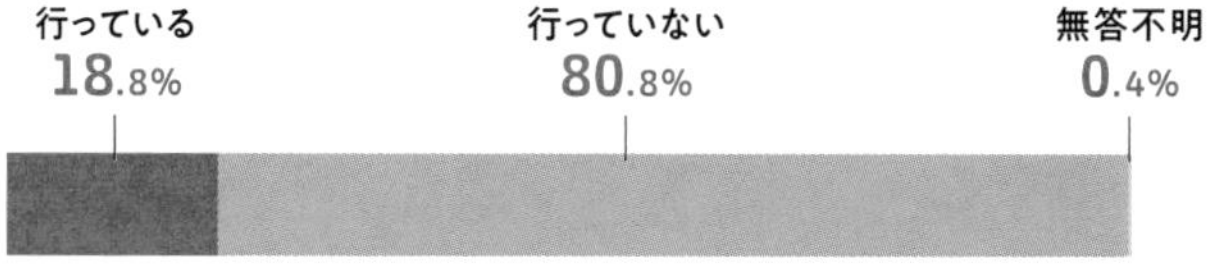

※3年生では20.1%、4年生では16.2%

【出典】ベネッセ教育総合研究所「小学校英語に関する基本調査(保護者調査)」

メリットは非常に大きいと思います。

　英会話教室に通わせる以外でも、ご家庭でできる「英語を身近に感じるきっかけづくり」の方法はあります。たとえば「よく知っている童謡などの英語版CDを流す」「NHKの教育テレビで放送されている英語番組をつけておく」などが挙げられますね。洋楽や洋画はまだまだ小学生だと難しいこともありますが、話題になったアニメ映画の英語版などであれば、純粋に「英語に親しむ」のによいかもしれません。よく知っている話（日本の昔話や教科書で扱うような話）を英語で書いた本・絵本などもよいですし、身のまわりの物を英語で何というかまとめられた本を目の届くところに置いておくだけでも十分効果的です。

　このように、さまざまな機会を通して英語をより身近に感じることで、本格的な勉強が始

どのような教室や教材で、英語の学習を行っていますか?

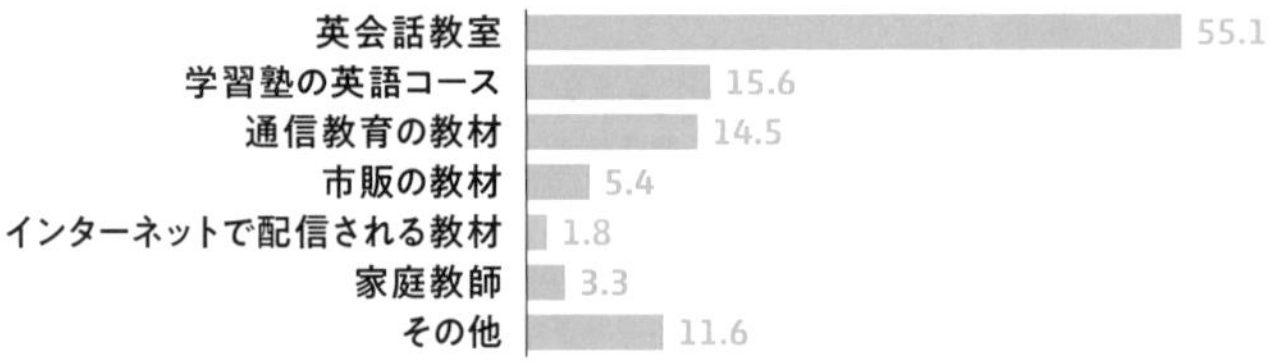

※学校外で英語学習を「行っている」と回答した3・4年生（276人）のみ対象。

※複数回答。

【出典】ベネッセ教育総合研究所「小学校英語に関する基本調査（保護者調査）」

まる中学以降にも抵抗なく学習し続けることができるようになります。機会は多ければ多いほどよいので、学校以外の機会でも英語に触れる試みを増やしてあげて、英語に対する苦手意識が芽生えにくい土台をつくっておけるとよいですね。

good

緩やかな坂をコツコツと上がっていく

bad

急に“英語の壁”にぶつかる

CHAPTER 1
07
THEME

勉強が「できる」という自信が大事！

これまでは「勉強への抵抗感をなくす」という観点からアンケート結果を見てきましたが、もう一つ重要な観点として挙げたいのが、「自分は勉強ができる」という成功体験です。たしかに私自身の経験を思い返してみても、「自分は勉強が得意だ！」と感じ始めたのがちょうどこの10歳頃、学校のテストでまわりよりも点数が良くなってきたことがきっかけだったように思います。小学生の時期から「勉強ができる」と自負できることが、子どもにとって自信につながり、「勉強すれば成果が出る」という成功体験につながるのです。

Q 10歳頃の成績は、学校でどれくらいでしたか?

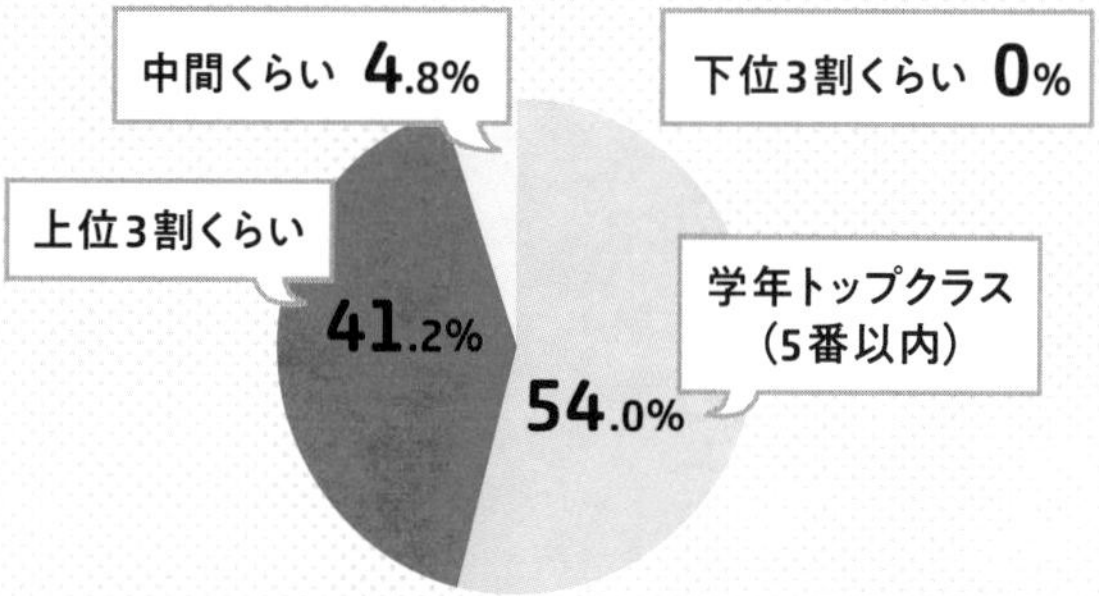

**Q 10歳頃、子どものことを
まわりよりも頭が良いと思っていましたか?**

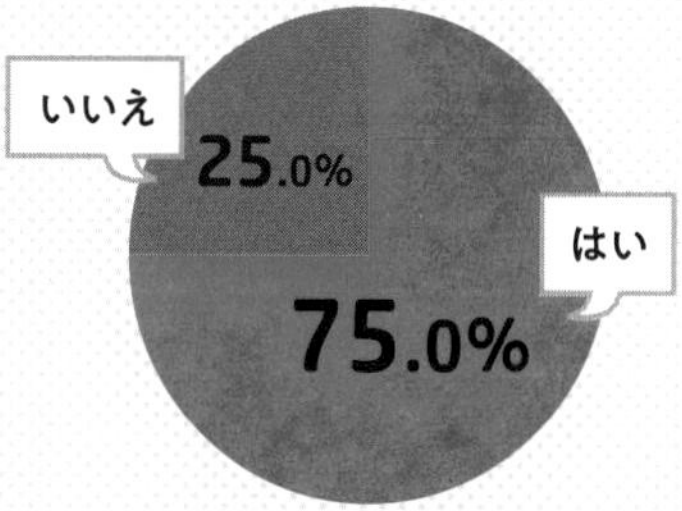

DATA

10歳頃から優秀。
まわりと比べても頭が良いと思っている。

「10歳頃の成績は学校でどれくらいだったか?」という保護者向けの質問では、半数以上の54%が「学年で5番以内にはいた」と回答。「下位3割くらい」と答えた人は一人もいませんでした。さらに、75%の保護者が「10歳頃すでに、自分の子どもはまわりより頭が良い」と思っていたようです。

アンケートでは、学校での子どもの成績について「学年トップクラス」「上位3割くらい」「中間くらい」「下位3割くらい」に分けて選択してもらいましたが、驚くべきことに「下位3割くらい」と答えた人は一人もいませんでした。さらにおよそ4分の3の保護者が「自分の子どもはまわりの子より優秀だ、頭が良い」と感じていたようで、「やっぱり東大に受かるような子どもは小学生の時から優秀なんだ……」とついつい思ってしまいそうです。ただ、そう結論づけてしまってはもったいないので、ここから「10歳頃に『勉強ができる』ことのメリット」、そして「どうすれば10歳頃に『勉強ができる』という状態になれるか」について考えていきます。

10歳で勉強の土台固めと自信をつけること

10歳頃に勉強ができる状態にあることでのメリットは大きく二つあります。一つは「今後の発展的な勉強の下地になる基礎知識が身についている状態になる」こと、もう一つは「まわりと比べて勉強ができるという状態に自信がもてる」ことです。

では、一つ目から見ていきましょう。たとえば小学3～4年生の算数では「割り算」「小数」「分数」「正三角形・円・球」といった四則演算・数の取り扱い・図形処理のいちばん基本的な、今後の勉強の土台になる知識を一通り習い終えることになっています。国語でも学習指導要領で「段落相互の関係などに注意」すること、「筋道を立てて話す」ことが盛り込まれ、より論理的に考える力が求められるようになります。このように、10歳頃はちょうど「今後の勉強の下地」が固まり始める時期なのです。逆に言えば、ここで勉強が苦手になってしまっていると、今後の勉強でもずっとその苦手意識を引きずってしまうということです。だからこそ、この10歳頃の時期に「勉強が得意だと思えるかどうか」が、今後勉強ができる状態を保つことに大きく関わっ

勉強の下地

後々大きな差になるので
土台固めはしっかりと

てくるのです。

もう一つのメリットは、10歳のときに「勉強ができる」ことが自信につながり、勉強への前向きなイメージをもち続けられるということです。10歳くらいになると、それまで抱きやすかった万能感（自分には何でもできる、やればできるという感覚）が薄れ、徐々に「他人と自分を比べる」ようになります。他人と比べることで「自分はどのくらいできる」「自分にはこれができない」という優越感・劣等感を感じやすくなります。それが「テストの点数」という客観的・具体的にわかるものであれば、なおさら強く受け取ってしまいます。

10歳まで

「自分には何でもできる」という万能感をもっている

10歳以降

他人と比べたときの“自分”を意識するようになる

ここで劣等感を感じてしまうと、自分にはできなかったというショックからその劣等感がますます強まり、周囲からの適切なフォローがないと「頑張って見返そう」という気持ちが起こらず、すぐに「自分にはできないんだ」という思考につながってしまうのです。こうしたことが繰り返し起こると、勉強の分野で「自分はできない・苦手である」という意識が植えつけられ、「どうせ勉強したって……」という思考につながってしまいます。逆に言えば、ここで「ほかの人よりも勉強ができる」という優越感をもつことで、勉強に対する抵抗感を極力なくし、自信をもって勉強に取り組み続けることができるようになるのです。

アドバイスは具体的に励ますことも忘れずに

10歳の頃の勉強でつまずかないようにし、自信をもたせるためには、「保護者からの声かけや励ましによるアプローチ」、「勉強の苦手分野を克服して勉強の意欲を醸成するアプローチ」の二つが有効です。これまでも触れてきたとおり、勉強に対して苦手意識をつくらないように「勉強しなさい」と言うことをやめ、うまく具体的な解決策などのフォローを入れつつ勉強のやる気を上げていくことが必要になります。私の例で言うと、勉強ができているときこそ、それほど褒められはしなかったものの、少し成績が悪かったとき・点数が下がったときに「今回はたまたまだよ、きちんと勉強しているんだからそんなに落ち込まなくて大丈夫」ということと、必ずセットで「でも間違えた分はきちんと復習して注意しないとね」と言われていました。

点数が落ち込んだときはどうしても過度に劣等感を抱きやすいため、それを払拭するためにも努力を肯定してあげることはとても重要です。ただでさえ子ども自身が他人と比べてしまいがちですから、保護者は子どもの努力の過程を認

めてあげる必要があります。ただ、それだけでは状況の改善まではできません。そこで、具体的なアドバイスを加えることで、しっかり勉強にも取り組んでもらうというアプローチも同時に必要です。私の場合は計算のケアレスミスなどがものすごく多かったのですが、そうしたところをきちんと注意して勉強しないとね、という具体的なアドバイスまでセットでしてもらえたので、「次はここに気をつけて解こう、それができればまた良い点数が取れる」と考えることができていたように思います。このように「やったことを褒めて、力がついている部分を認めてあげる」ことと「次につながる勉強の具体的なアドバイス」をセットで伝えてあげることで、励ましと苦手の克服の両方を行うことができます。劣等感が払拭できないまま普段の宿題にさえ向き合えなくなる、ということを何としても避けるため、こうしたことを意識してあげてください。

CHAPTER 1
08
THEME

小学校のテストは「満点」で成功体験を

子どもが小学校でついついまわりと比べてしまうものが「テストの点数」。中学校・高校のような「定期テスト」ではなく単元ごとに行われるため、その単元がきちんと理解できているかが問われます。私を含め、まわりの勉強が得意な人は、ほとんどが「小学校のテストなんて満点とって当然でしょ」と話していますが、実際、東大生はどのくらいの点数を取っていたのでしょうか。アンケートの結果を見ながら、「小学校のテストの点数」が勉強習慣に与えるプラスの影響についてお伝えしていきます。

Q

小学校のテストでは何点くらいとっていましたか?

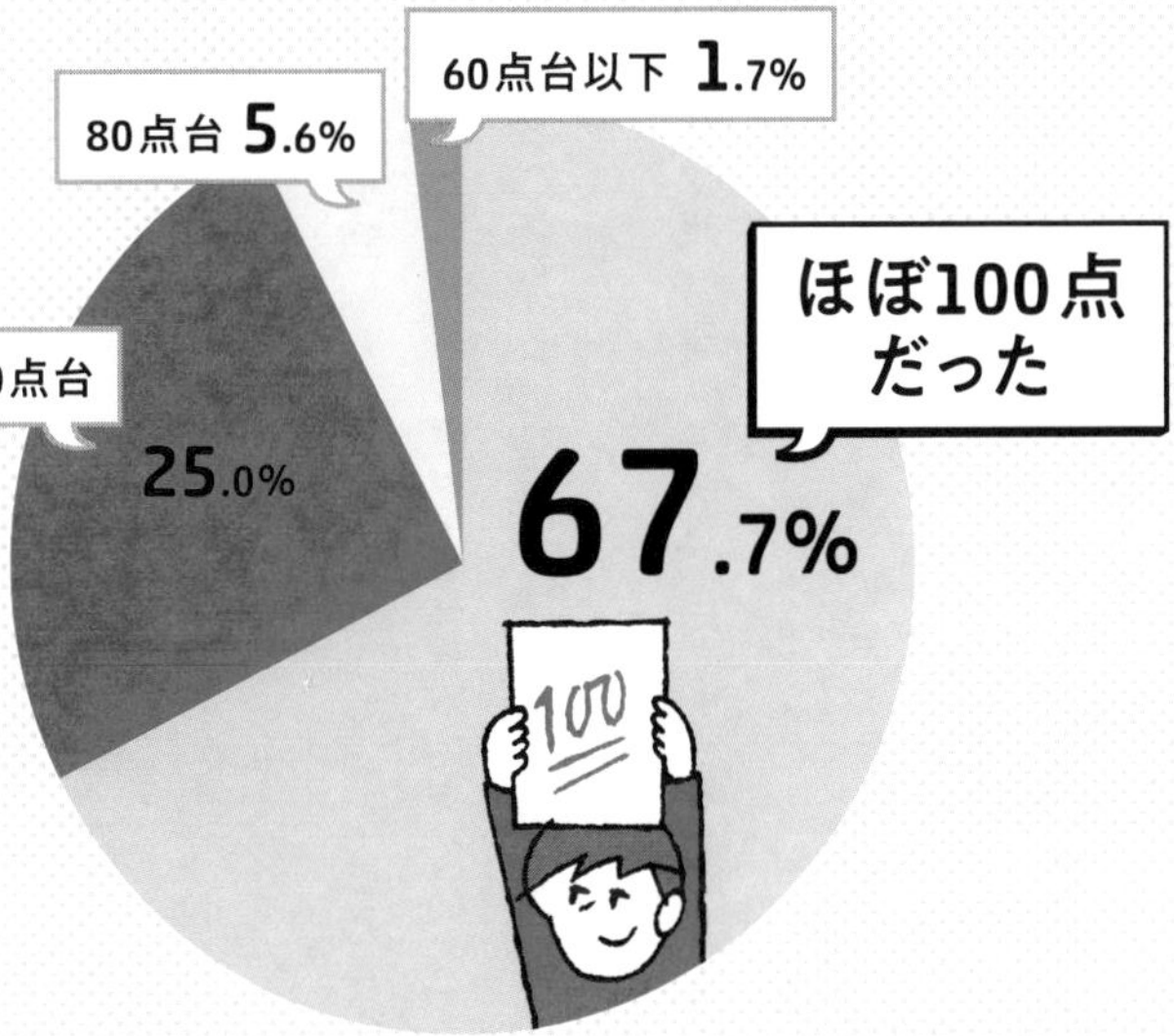

DATA

9割以上が「90点～100点」! 小学校のテストはできて当然?

東大生へのアンケートでは、小学校のテストで「ほぼ100点だった」と答えた人が67.7%と最多になり、90点台まで含めると実に9割以上になりました。やはり、ほとんどの人が「90点～100点」をしっかりとっていたようです。

アンケート結果では、想像以上に多くの東大生が「小学校のテストでは、ほぼ満点だった」と回答していました。私自身の経験でも、むしろ「満点」をいかに取り続けるかをモチベーションにしてテストを受けていた記憶があります。それだけ「満点」というのはインパクトが大きく、承認欲求も満たされやすいですから、満点を目指して勉強し、実際に満点を取ることで、「勉強に対して前向きに取り組める」「自分の学力に自信をもてる」という効果が見込めることは間違いなさそうです。満点を達成する快感から、継続的な勉強に対するモチベーションにつなげていくことができるのです。満点を取るには学校の授業をきちんと理解できていることが求められますから、満点を目指す過程で学校の授業への理解が深まることもメリットです。

では、具体的にどうすればテストで満点を取ることができるのでしょうか。ポイントはやはり「一つひとつの授業を理解していく」「宿題をしっかりやる」といった基本的なこと、そして「テストで減点されやすいポイントを、普段から意識していく」ことです。

授業内容を確実に定着させること

小学校のテスト（教材会社が出している、一般的なA3カラーのテスト）の平均点は、概ね80点から85点ほどだと言われています。教科書の例題に載っているレベルの問題がほとんどなので、正確に授業内容を理解できてさえいれば十分に90点以上、そして満点を取ることができるような内容になっているのです。だからこそ、満点を取るためには、まず第一に、「一つひとつの授業の正確な理解」「宿題を欠かさずやる」という習慣が重要になります。学校の宿題は、それこそ「その日の授業で扱った教科書の例題や類題」をもとに出されることが多いですし、算数であれば、さらに計算ドリルなどで定着させるようなものもあるため、学校の授業内容を「その日のうちに」定着させる上で非常に有効です。授業で習った内容は、基本的に問題を解いたり忘れないうちに思い出したりすることで定着します。算数であれば、ただ教科書を眺めて見直すだけでなく、きちんと問題を解かせるためにもドリルのような宿題をやるべきですし、国語であれば、音読の宿題の際に授業でやった内容（漢字・言葉の意味などの知識や、主人公の心情など授業で考えたこと）を思い出しながら音読していくことが重要なのです。もし宿題を解く過程でわからない問題や思い出せないことがあれば、「教科書の説明やノートに書いてあることを一緒に読みながら」解決してあげるようにするといいでしょう。こうすることで、「たしかに授業でこんなこと言っていた！」と思い出すことができ、習った知識をきちんと整理することができます。おすすめは宿題を「学校が終わったらすぐに」やること。授業でやったことを忘れる前に演習したり思い出したりすることで、より授業内容が定着します。基本的にはこの「すぐに宿題に取り組む」「間違えたところや思い出せなかったところを教科書やプリント、ノートなどの授業で扱ったもので復習する」だけで十分テストで満点を狙えるようになります。

宿題はすぐやる

授業で習った内容を忘れないうちに、家に帰ったらすぐに宿題をする

普段から小さなミスに注意

もう一つのポイントとして、「テストで減点されやすいポイントを普段から意識していく」ことを挙げました。もちろん授業の理解だけで満点を狙うことはできるのですが、より確実に満点を取るには、テストで点を落とす原因を潰しておく必要があります。たとえば、算数の計算ミスや国語の漢字の「とめ・はね・はらい」などでの減点は、普段宿題をやるときに漫然と解いていると、どうしても見落としてしまいがちなところです。こうしたところでの減点を防ぐためには、宿題の中で親が気をつけて見てあげるのはもちろん、宿題が返されたときにも改めて確認してあげることが重要です。普段宿題で解いているときは指摘されてもきちんと直していなかったり、つい見落としてしまっていたりすることがあり、テストで減点されて初めて気づくことも多いですから、普段解くときから、テストでも間違いやすいところを意識して修正していくようにしましょう。

「漢字のとめ・はね・はらい」「計算ミス」「問題文の読み間違い」などを減らしていくためには、テストが返却されるたびに「どういうところで点を落としているか」を見極め、丁寧に指摘してあげることも重要です。具体的には、「どうして間違えたのか」をテストの裏に書いたり、漢字のミス・計算のミスであれば、改めて解き直させたりします。これを繰り返すことで、「急いで解くと計算ミスしてしまうから気をつけよう」とか、「漢字は丁寧に書こう」といったようにテストで注意すべきことがわかるようになります。もし、これでもミスが減らせないのであれば、別途計算のテストや漢字のテストをドリルなどで出してあげてもよいでしょう。時間があれば、今まで間違えた漢字や計算のポイントをまとめて自作のテストにするのも有効です。

「満点でないとダメ」と思わせるのは危険

さて、ここまで「満点を目指そう」と書いてきましたが、ここで気をつけなければならないのが、子どもに「満点でないとダメ」と思わせないようにする、ということです。もちろん子ども自身が「満点を取って当たり前だと思う」「満点でないと悔しがる」のはよいのですが、それを親が強制してしまうと、子どもが「満点じゃないから自分はダメだったんだ」「勉強したのは無駄だったんだ」とマイナスに捉えてしまいます。これが続くとやはり「満点が取れない自分はダメ」と劣等感を抱き、勉強にマイナスイメージをもってしまいます。大事なのはあくまで「満点を目指して勉強する中で勉強の意欲をかき立て、同時に基本的なことを身につける」ことですから、結果よりも満点を目指す過程を重視してあげることが必要です。もし勉強して臨んだテストで満点が取れなかったとしても、「何でこんなところでミスしたの、もったいない」という言い方ではなく「これだけ勉強して、間違いもこれだけなんだからほとんど満点だよ、でも間違えたところはきちんと確認しておこうね。今回は計算のミスだから、気をつけようね」のように、勉強した過程を褒めつつ、勉強の癖やミスの傾向を修正していってあげるようにしましょう。

CHAPTER 1
09
THEME

勉強につまずいたらいったん離れよう

いくら勉強ができるとはいえ、わからないことが出てきたり、勉強でつまずいたりすることはあるはずです。そうしたときに、どうやってそれを乗り越えているのでしょうか。私はそういうときはいったん勉強をやめて、しばらくしてからまた解き始めていました。しばらく放置してからやってみると、意外とできるものです。東大生はそれぞれに「つまずいたときの対処法」をもっています。そうした困難の乗り越え方から、勉強に対して前向きに取り組み続けるヒントを見つけていきましょう。

Q

勉強につまずいたり、つらくなったりしたとき、どうしていましたか?

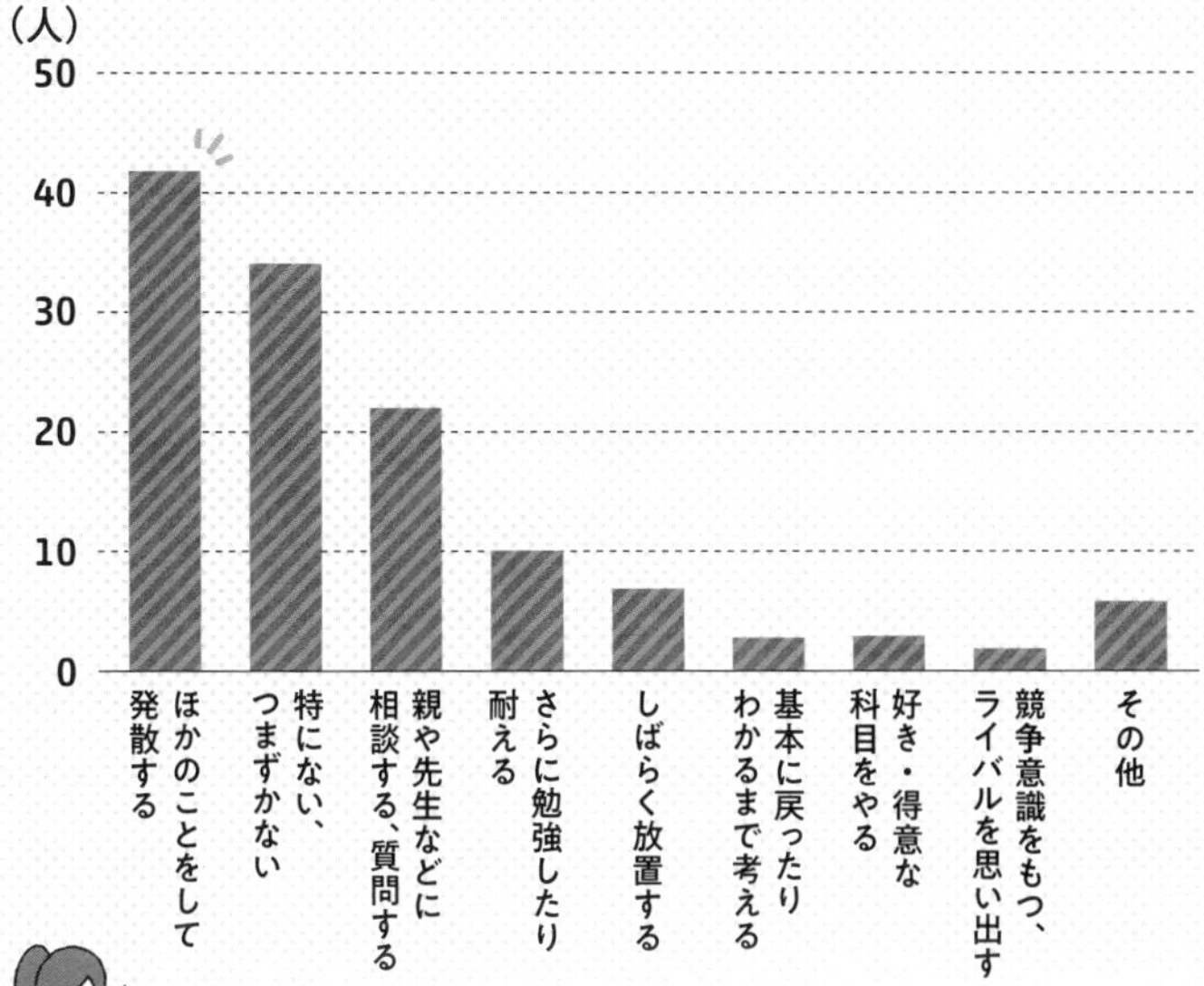

DATA

「ほかのことをして発散」が最多。そもそもつまずかない、という人も。

「勉強につまずいたり、つらくなったりしたとき、どのようにしていましたか？」という質問への自由回答を種類別にまとめました。最も多かった解答は「ゲームをする」「サッカーで発散」といったような「ほかのことをして切り替える」というものでした。「小学校の時点では、特につまずいた記憶はない」という人も多く、そこはさすが東大生といったところでしょうか。

勉強につまずいたときの対応は、大きく分けて「しばらく離れる」「しっかり向き合う」の二つが考えられます。アンケートの結果から見ると、「ほかのことをして発散する」「しばらく放置する」「ほかの科目をする」などの「しばらく離れる」ほうが40％程度、「親などに相談する」「耐えて勉強する」などの「しっかり向き合う」ほうが29％程度と、若干「しばらく離れる」人が多い傾向にありました。ここではこの結果をもとに「子どもがつまずいているとき、どう声をかけるべきか？」「子どもから相談を受けたときに、親としてどうすべきか？」の2点に触れていきます。

まず、勉強でつまずいてしまったときにいちばん気をつけるべきことは、やはりここでも「勉強に対して抵抗感がない」状態をキープすることです。わ

回答をおおまかに分類した結果（東大生アンケート）

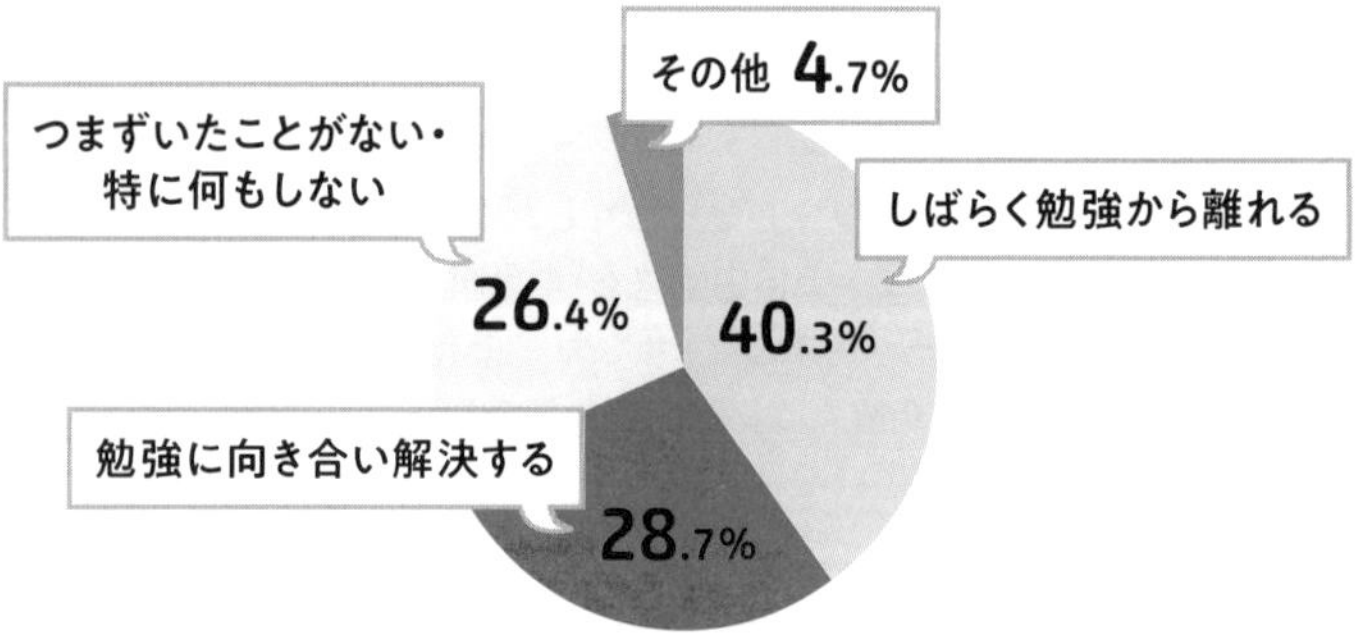

からないことや思うように解けないことが溜まり、勉強がうまくいかない……という状態になると、どうしても勉強に対して苦手意識を抱えてしまいがちです。この苦手意識によって「できないからやらない」となってしまい、小さなつまずきがだんだんと大きな〝苦手〟となり、勉強への抵抗感が増すばかりになってしまいます。そうならないために、勉強につまずいたときの早めの対処が重要になるというわけです。

対処方法は、子どものタイプによって見極める必要があります。東大生の回答でも「勉強から離れる」「勉強に向き合う」が拮抗していたように、子どものタイプによって、どちらの方法のほうがうまくいくかは変わってきます。

「しばらくその勉強から離れる」やり方は、ついついその内容に没頭してしまい、視野が狭くなってしまっている状態をリセットする上で有効です。私もよく考え事をしていて「どうすれば解決するかわからない」と頭を抱えることがあるのですが、諦めて翌日考え直すと「なんだ、そんなことか！」と案外すぐに解決してしまうことがあります。イギリスの心理学者の研究では、これは脳の同じ部分を使い続けることによって起こる現象だといわれていて、たとえば「ずっと算数の図形問題に悩んでいたら、脳の違う部分を使うために本を読んでみたり、漢字の書き取り問題に切り替えたりする」と効果的だとされています。一つのことに集中し過ぎてなかなか先に進まなくなってしまった場合は、息抜きに人と喋ってみたり、ゲームやスポーツなどをしたりするだけで、また勉強に戻ったときにあっさりと解決できることもあるので、ぜひ促してみるとよいでしょう。

脳の休息
脳を休ませるために別のことをする
ずっと同じことをしていると脳の一部分だけが疲れてしまう

ただ、一度その勉強から離れることを「諦めてしまった」とネガティブに感じてしまうタイプの子どももいます。その場合は「わからない勉強に向き合う」方法を試してみましょう。ただ自分一人で考え続けているだけでは突破口が見つからないので、適切なヒントを与えてあげる必要があります。むやみに教えようとすると、子どもの「自分で考えて答えを見つけたい」という意欲を損ねてしまう恐れがあるため、このヒントの出し方にも注意が必要です。「もしわからなかったらいつで

も聞いていいんだよ」と話しておき、問題がわからないままにならないように、行き詰まってしまったタイミングで相談しに来てくれるような声かけをしておくことが最も良いでしょう。

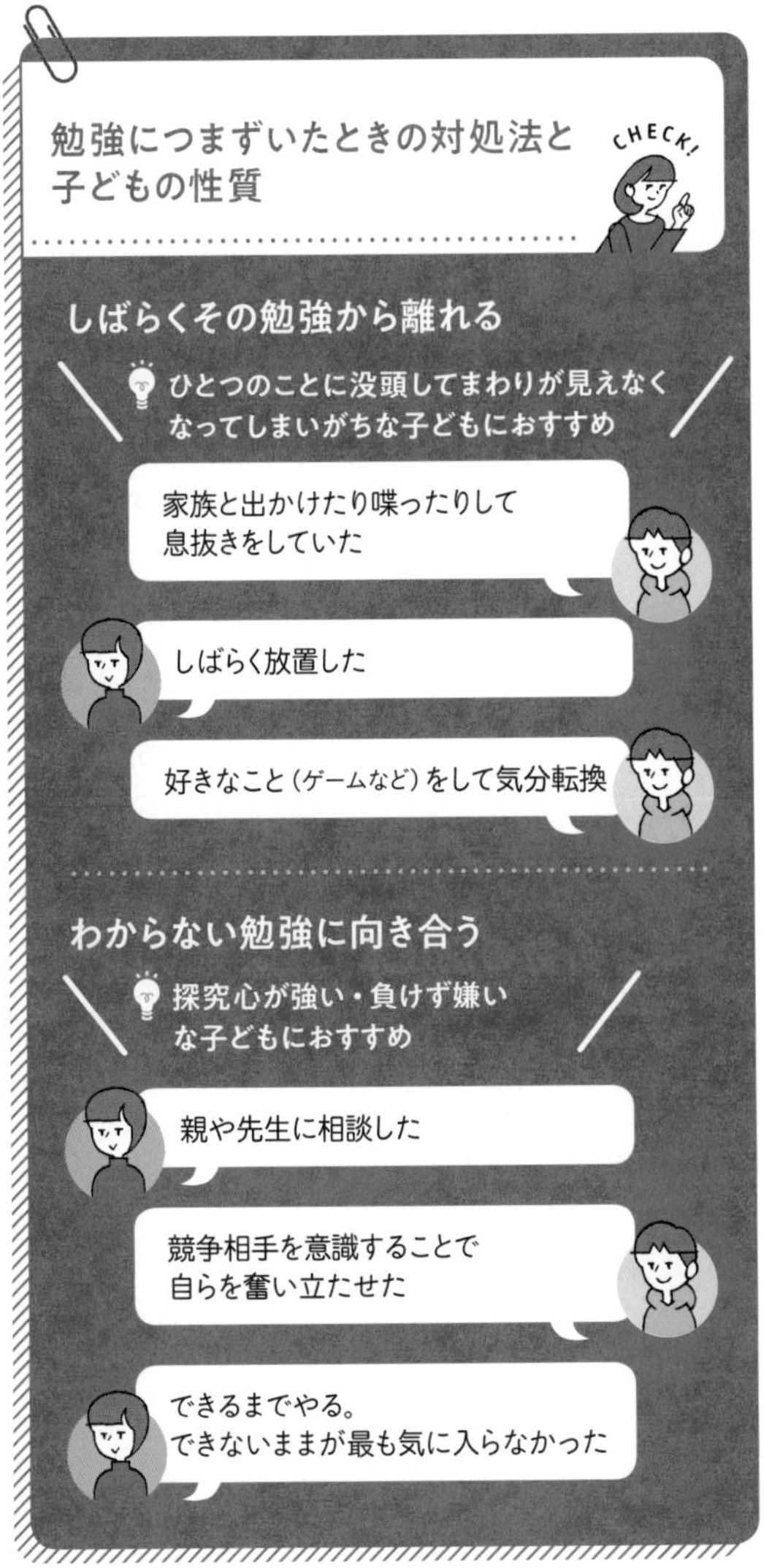

勉強につまずいたときの対処法と子どもの性質

しばらくその勉強から離れる
ひとつのことに没頭してまわりが見えなくなってしまいがちな子どもにおすすめ
家族と出かけたり喋ったりして息抜きをしていた
しばらく放置した
好きなこと（ゲームなど）をして気分転換

わからない勉強に向き合う
探究心が強い・負けず嫌いな子どもにおすすめ
親や先生に相談した
競争相手を意識することで自らを奮い立たせた
できるまでやる。できないままが最も気に入らなかった

つまずきを「整理」したり、ほかの相談先を示したりする

そして、勉強で行き詰まったところを相談されたときは、「どこでつまずいているか」を整理してあげるようにしましょう。「どこで間違えているのか」「どこまでは理解できているのか」を整理してあげることで、問題解決のヒントになるだけでなく「つまずくことは悪いことではない」という意識を与えることができます。例で挙げているように「今回習った分数の割り算の仕方は合っているから、学校でやったことはほとんどわかっているね。じゃあ、答えはどうだろう？　分数の計算は最後に約分をするのを忘れがちだから気をつけよう」

小学6年　分数の割り算

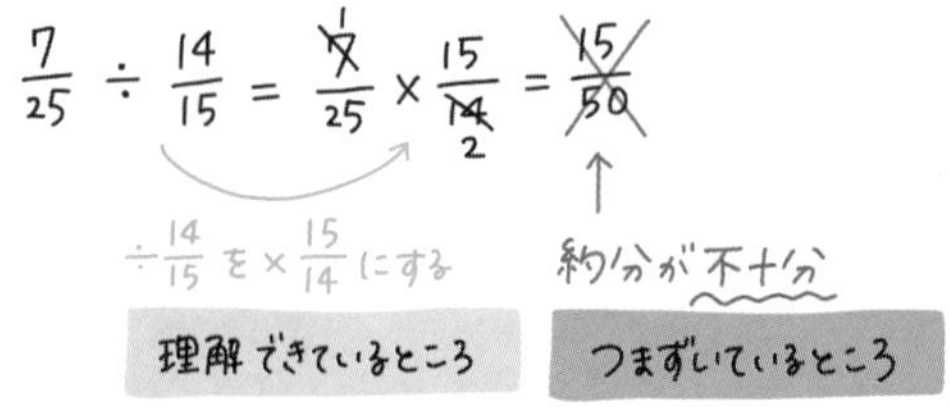

「分数の割り算の仕方はよくわかっているね。約分を見落としがちだから、最大公約数を見つける練習をしようか。」

というように、できていることをきちんと認めた上で、具体的なアドバイスも示してあげると「今やっている勉強は間違っていないんだ、できている部分もあるからあと少しだ」とポジティブに捉えることができるようになります。とはいえ、勉強の内容についてなかなかアドバイスできないこともあるでしょうから、そうした際は「学校の先生にここがわかりません、と聞いてみたら?」と促してあげてもよいでしょう。その際も、「どこでつまずいたのか」はしっかり聞いてあげて、「○○先生が詳しいと思うから、今話してくれたように明日聞いてみようか!」と伝えてあげるのが有効です。あるいは、具体的に一緒に分析してあげなくても、「教科書の○ページに書いてあるから見てごらん」「漢字辞典で調べてみようね」のように「わからないところを調べる方法を教えてあげる」だけでも効果的です。

このように子どものつまずきに気づき、しっかり見守りつつ、適切な助け舟を出してあげることでつまずきを解消できれば、勉強に抵抗感を感じず「自分でも解けた!」という成功体験を積み重ねることができます。

CHAPTER 1

10

THEME

「検定試験」が目標になる！

続いてアンケートの結果から紹介するのが、英検や漢検などの「検定試験」についてです。私は小学生のときに英会話教室の先生にすすめられ、英検（実用英語技能検定）4級を受験した記憶があります。それに合わせて漢検（日本漢字能力検定）も受けていましたが、何か目的があって受けていたというより「力だめし」で受けていたように思います。一方でテレビ番組などでは「10歳で英検準1級合格！」「小学生で漢検1級合格！」といったような内容を目にすることもあり、「東大生の多くは、小学生の時にすでに検定試験を受けているのでは？」とお思いの方もいるのではないでしょうか。実際、東大生はどのくらい小学生の時に検定試験を受けていたのか、受けることで何が得られるのか、アンケートをもとに見ていきましょう。

Q

英検・漢検のどちらかは受けていましたか?

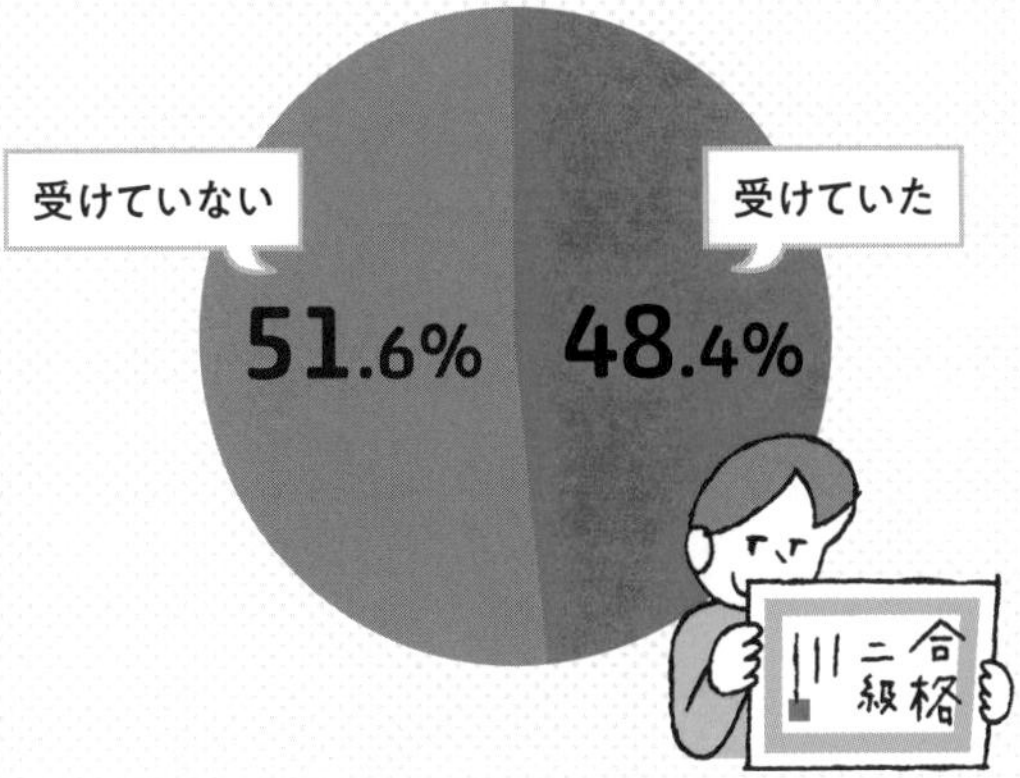

小学生のときに英検を受けた	25.0%
小学生のときに漢検を受けた	33.9%

DATA

英検・漢検ともに「受けた」が2～3割。「どちらかは受けた」という人が約半数!

「小学生のとき、英検や漢検を受けていましたか？」という質問に対して、「はい」と答えた人は英検で25.0%、漢検で33.9%でした。これだけを見ると少なく見えますが、このデータのうち、「英検と漢検のどちらかは受けていた」という人は、全体の約半分になる48.4%という結果になりました。

アンケートの結果では、4分の1から3分の1の東大生が「小学生の時に英検や漢検を受けていた」と回答し、約半分が「どちらかは受けた」という結果でした。たとえば英検において、アンケートに回答した東大生が小学生だった頃の小学生の受験者は、小学生全体の約2～3％程度ですから、それを考えると先ほどのアンケートの結果は、とても高い割合と言えます。

では、小学生のときに検定試験を受けることで、どういったメリットがあるのでしょうか。英検や漢検を受験することで「勉強ができるようになる」「英才教育につながる」と想像してしまいがちですが、じつは最大のメリットは、そうした勉強内容の話ではなく、「目標に向かって勉強をし、達成感を味わう」経験にあります。小学生のときに何か目標を立てて、それに向かって勉強するという機会

目標が人を育てる

「目標達成！」
の喜びを味わう
のが大事

は、あまりないのです。もちろん、学校のテストはありますが、これも明確に目標点数があったり、その点数を取ったら何か証書がもらえたりするということはありません。その一方で、英検や漢検などの検定試験では、対策用の問題集や過去問題などがあり、「このくらい正解できたら合格」というラインが用意され、合格すると証書がもらえる仕組みになっています。こうした「目標に向かって勉強して結果を残し、目に見える報酬がもらえる」という経験が、成功体験として蓄積されていき、その後のさまざまな場面においてポジティブにはたらくのです。もちろん、検定試験は一つの選択肢でしかありませんが、それによって得られる経験は大きなものです。

英検や漢検などは適切な級を受ければ合格しやすいですから、子どものレベルに合わせた級を選ぶことで達成感と自信につながります。

検定試験をモチベーションにして、好きなことを極める

検定試験を受けるメリットは、ほかにもあります。それは、「興味のあるものを深く掘り下げる経験が得られる」ということ。小学生の時期だと興味をもったことを極めたり深く掘り下げたりするという機会はあまりないものです。何か好きなことに没頭していろいろなことを知る、という経験をすることで、集中力が鍛えられ、その後、持続的に勉強をする上での土台がつくられます。英検や漢検の勉強の場合、「合格したいからもっと理解を深めてみよう」となりやすい条件が整っているのです。

私の場合、小学校で出てくる新しい漢字をどんどん覚えていくのが楽しく、「早く新しい漢字が出てこないかな」とワクワクしていたのを覚えています。ちょうど家に小学生向けではない漢字辞典があったので、「さかなへんの漢字」「むしへんの漢字」などたくさん調べて「この魚は漢字で書くとこうなんだ！」と興味をもって、学校で習わない漢字をいろいろ探していました。漢検を受験しようと思ったのは、漢字に対して「新しいものを知るのが楽しい」「漢字をクイズのように書き取っていく、読み取っ

ていくのが楽しい」と感じていたからだったのです。このように興味をもったものを深める動機づけとして、英検や漢検などの検定試験は効果があります。もちろん、世の中にはたくさんの検定試験がありますから、子どもが興味をもったものに関連する検定試験を探して受けさせてみるとよいでしょう。目標に向かって努力するということによって、「取得した資格が何かに使える」ということ以上に「興味をもったことを自分で深められた」という経験が得られるはずです。

極める

興味をもったことを自分で深めるという経験がとても大事

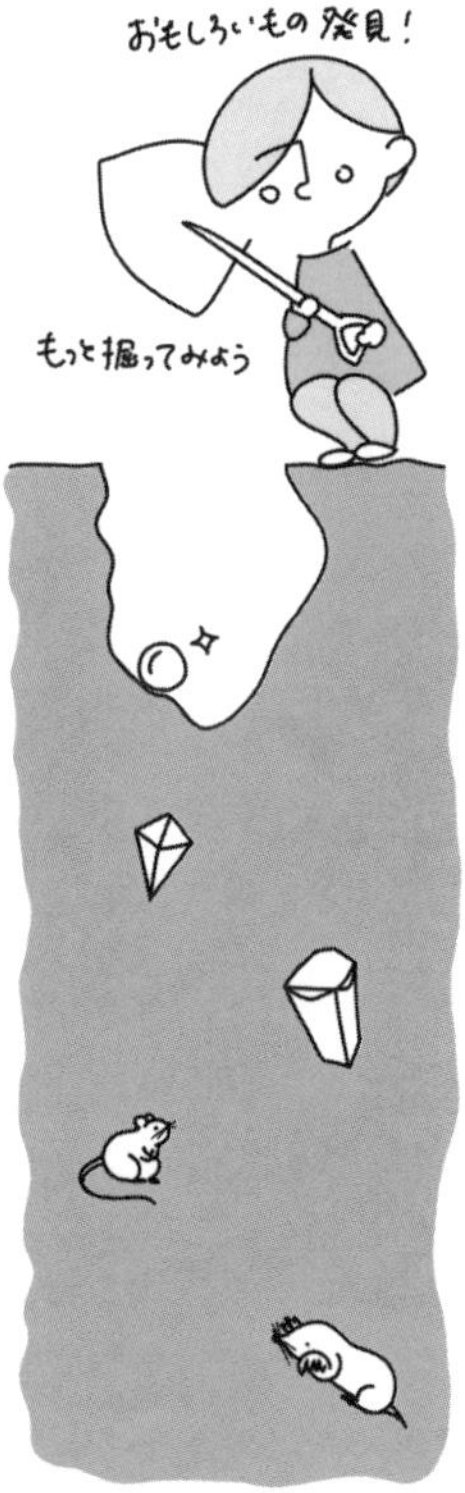

ただ、実際に検定試験を子どもにすすめるときに気をつけてほしいこともあります。一つは、「子どもが興味をもっていないのに無理に受けさせない」ということです。これまでに挙げたメリットを享受するためには、「子どもが興味をもったら受けさせる」ということが重要ですから、無理に受けさせようとしても効果は期待できません。む

しろ、あまり勉強しない状態で受験して不合格になってしまったり、無理に勉強をしていく過程で嫌いになってしまったりと逆効果になる可能性すらあります。子どもが漢字についてたくさん調べていたり、英会話教室に通っていて楽しそうにしていたりと、興味をもって進められそうなときに「今、すごく楽しそうに○○してると思うんだけど、試しにこういう検定を受けてみない？　今みたいにいろいろ調べていればきっと合格できて、自慢できるよ！」と声をかけてみるのがよいでしょう。

もう一つ気をつけてほしいのは、無理にレベルを上げないことです。先に挙げたような「小学生で英検1級に合格するような人」はあくまで「興味があってものすごく高いレベルまで深めた」から受けているわけで、「英才教育をさせるため」ではないことがほとんどです。子どものレベルに合わない級を受けると不合格になって自信を失ったり、難しすぎて興味をそがれてしまうことにつながってしまいます。

私も小学生のときには英検4級（中学中級レベル）や漢検7級（小学4年レベル）を受けて、それ以上は受けませんでしたが、それでも十分「勉強ができる」という自信にはつながっていました。大事なのはレベルの高い級を受けて高い能力を身につけることではなく、目標に向かって勉強をして級を勝ち取るという経験ですから、級の高低ではなく「子どもが頑張れば合格できるレベル」で「きちんと対策をしてから受験する」というプロセスを重視してあげてください。

検定試験を受けるメリット

適したレベルの検定試験を受ければ合格しやすい

→目標に向かって努力し、達成するという成功体験が得やすい。自信につながり、ほかの勉強でも前向きになれる。

興味のある検定試験の勉強は自然と手が進む

→興味をもったことに没頭するモチベーションになる。「検定があるからもっと知りたい」「せっかくだからもっと覚えたい」というように、興味をもったものを深める経験ができ、勉強でもどんどん自分で深められるようになる。

CHAPTER 1

11

THEME

勉強場所はリビングで決まり！

ここでは勉強の「やり方」について、実践的なお話をしていきたいと思います。やり方で真っ先に気になることといえばやはり、子どもの勉強場所ではないでしょうか。私の場合はどうだったかというと、小学校時代はおろか中学・高校になっても自室よりリビングで学習する時間のほうが多かったです。というのも、私の場合は自室が狭く、散々な散らかりようだったので、やむなくリビングで勉強をしていたのですが……。とはいえ、結果的にリビングで勉強をすることで親の目が行き届いていたのがよかったと思っています。「10歳頃どこで勉強をさせていたか？」という質問から、どこで勉強するのが最適なのかを考えていきます。

Q

主な勉強場所は
どこでしたか?

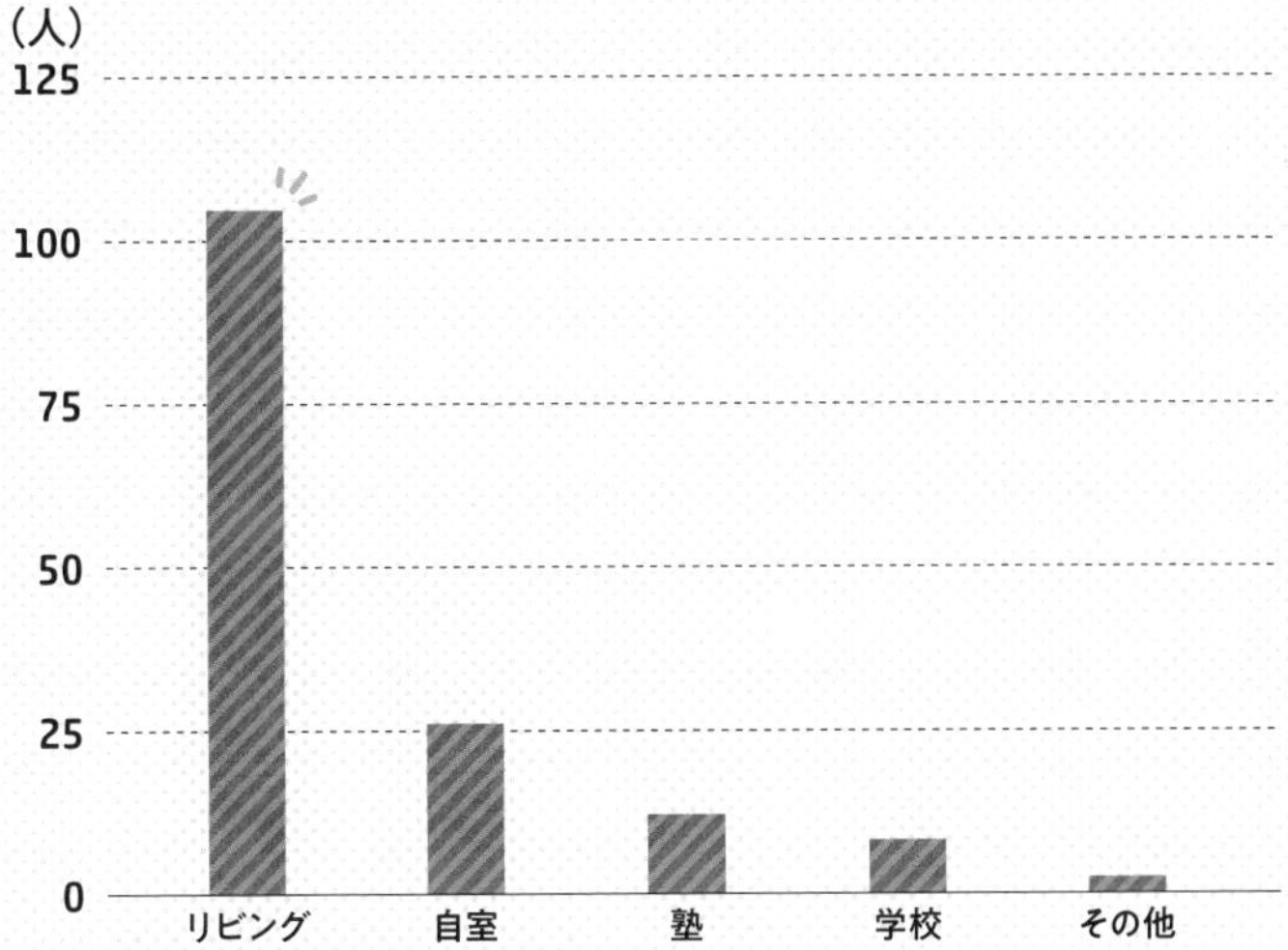

＊複数回答可

DATA

リビングで勉強が圧倒的多数!
ほとんどの家庭で「リビング学習」の経験あり。

リビングで勉強していた、と答えたのは全体の約85%と、圧倒的に高い割合となりました。リビングと自室、リビングと塾など併用しているケースも多いですが、「リビング学習」はほとんどの東大生が経験しているといえそうです。

東大生へのアンケートでは、リビングで勉強していた人が圧倒的に多くいました。実際、リビングで勉強するメリットは多くあります。一つには、「親の目が届く」ということ。とりわけ小学生は、気づいたら別のことをしていたとか、勉強に集中できないことが多いので、常に親がチェックできるリビングが一番良い環境であることは間違いなさそうです。

理由はこれだけではありません。適度な環境音があったほうが勉強に集中しやすいのです。特に小学生は、無音だとかえって落ち着かなくなってしまい、何か気を紛らわすものを求めようとします。リビングであれば、人がいて、適度にまわりで音がするため、むしろ落ち着いて勉強することにつながります。さらに、リビングは子ども部屋と比べて、子どもの物が少ないと思います。一人でいるときに、ゲームやマンガなど誘惑になりそうなものが目に見えてしまうと、どうしてもそちらに気が散ってしまいがちですが、比較的誘惑になるものが少ないリビングであれば、自分の勉強だけに集中できます。

リビングを勉強に最適な場所にするひと工夫

子どものタイプによっては、環境音があることでかえって集中できなくなる場合もあるでしょう。そうしたことを克服してリビングで集中して勉強するためには、「視野を狭める」「勉強に適した明かりをつける」ことがポイントになります。学習机と比べるとテーブルは広々としているので、目の前のことに集中しやすいようスポットライト式のデスクライトを置くとよいでしょう。自然と手元だけが明るく照らされるので、その明かりの場所に視野を絞ることができます。リビングの照明は落ち着きを意識して暖色になっていることが多いので、昼光色から昼白色（明るく、白め

スポットライトで視野を狭める!

の光）のデスクライトがおすすめです。

アンケートの結果から見ても、圧倒的に「リビングで勉強させていた」という回答が多く寄せられました。もちろん、自室や学校などで勉強している人もいますし、いちばんやりやすい環境でできるのがよいのですが、勉強習慣や集中力に悩んでいる場合は、ぜひ「リビング学習」を検討してみてください。

リビング学習で注意すべきポイント

照明

なるべく白い、明るい光を使う。スポットライト式の持ち運べるデスクライトがあるとよい。

音

適度な環境音。話しかけたりテレビをつけたりするなど、注意が向きがちな音は避ける。人がいて普段どおりの生活をしているほうがよい。

テーブルの上

テーブルの上には、勉強に使うものだけを置き、ほかのものは片づけておく。

Creating Self-Motivated Learners : How to Develop Your Self-Confidence and Broaden Your Horizon

CHAPTER 1
12
THEME

気になる中学受験、「した」が多数！

さて、ここまでは普段の勉強にまつわる話を中心にしてきましたが、最後の2テーマは「中学受験」と「塾」について触れていきます。中学受験をするかどうかは、住んでいる地域によるところが大きいですが、東大生を見るとやはり中学受験をして中高一貫校に通っていた割合が高いように思えます。まずは「中学受験をしたかどうか」と「するべきかどうか」について見ていきましょう。

Q 中学受験はしましたか？

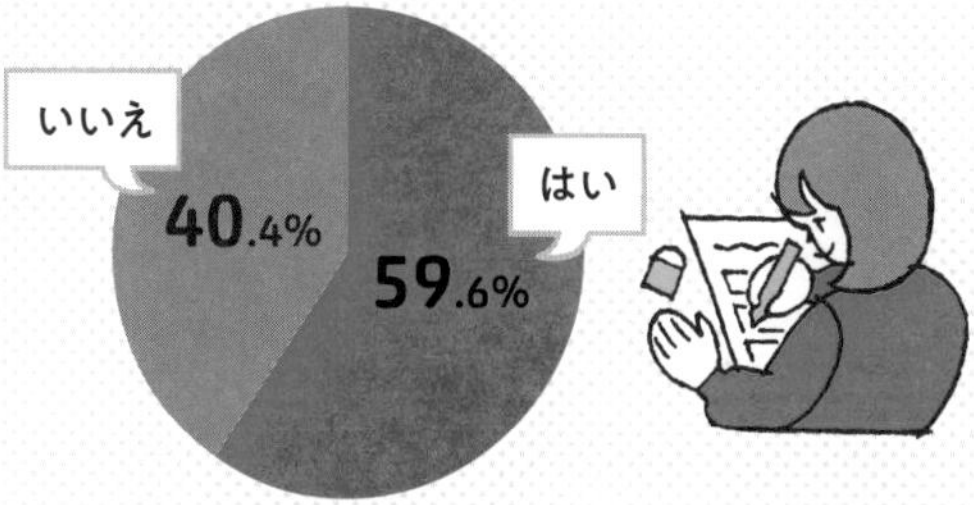

Q 中学受験はしたほうがよいと思いますか？

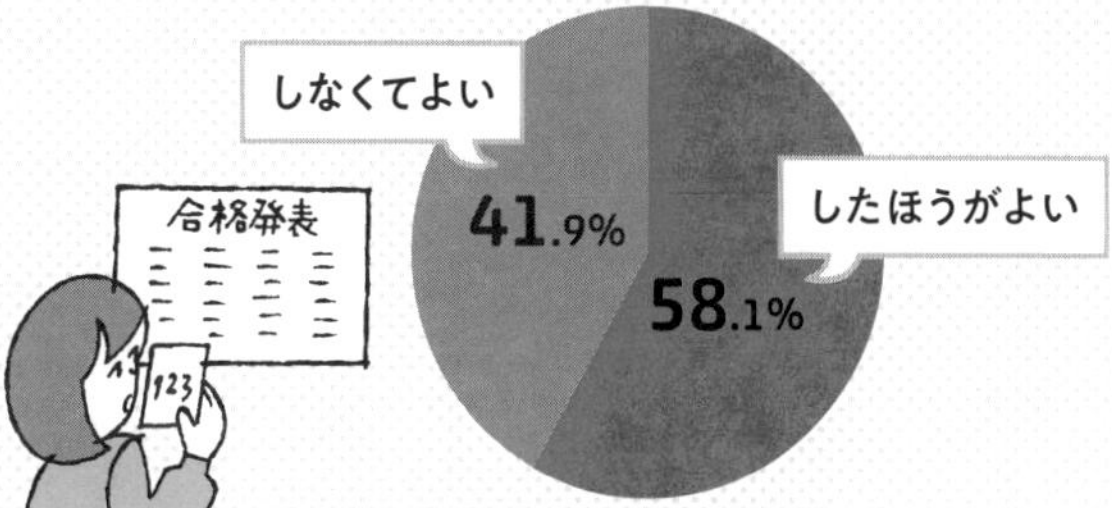

DATA

「中学受験をした」が6割。「中学受験をしたほうがよい」という意見も半数以上。

今回の調査では、「中学受験をした」と答えた人が59.6％「中学受験をしたほうがよい」という回答も58.1％という結果になりました。自らの経験が結果に色濃く反映されるアンケートではあったと思うのですが、それぞれどのような理由で選んだのか、詳しく見ていきます。

アンケートの結果、約6割の東大生が「中学受験をした」と答えています。アンケートではほかにも、「中学受験を悩む保護者に伝えたいこと」や「中学受験をすることでのメリットやデメリット」を聞いています。これらの回答も踏まえながら、中学受験をする意義と「中学受験をするかどうか」の決め方についてお伝えしていきます。

では、中学受験をする目的は何なのでしょうか。「校風が良く、通いたかった（通わせたかった）」「学校独自の教育方針が良かった」ということはもちろんですが、「中学受験をしてレベルの高い中高一貫校に入り、難関大学合格まで見据える」「高校受験をしなくてよい」ということも大きな要因でしょう。大学まで見据えた上で中学受験を選択した場合、高校受験がない分、時間をかけて大学受験の勉強に専念できますし、中学生・高校生の時期に、より自由に好きなことに時間を使えることは、メリットとして大きいでしょう。ただ、それ以外にも保護者の回答として「勉強習慣が早くから身につく」「勉強する環境に身を置ける」という声も多く見られました。これには、一般的な公立中学校との違いや入学までの勉強内容の違いが影響しています。

中学受験をするメリットは何ですか？

CHECK!

同じような目標に向かう仲間と、切磋琢磨しつつ楽しくもある環境を得られること。

高校受験をしなくてよいので、日々の勉強に集中できる。

学習習慣が身につく。受験勉強の方法、コツ、要領を自然と身体で覚えることができる。

そもそも中学校までは義務教育の課程に含まれるため、ほとんどの公立中学校については学区によって通う中学校が決まっています。「住んでいる地域」という要因で学校内の交友関係や生活環境が決まるため、真面目に勉強する人もいれば不真面目な人もいる、成績が優秀な人もいればそうでない人もいる、というように多様性が生まれます。もちろんこれは「多様な環境の多様な友達と触れ合える」などのメリットもあるのですが、環境に馴染めずに悩んだり、ほかの友達につられて勉強が疎かになってしまったりするというデメリットもあるため、中学受験を選ぶという方も多いようで

す。一方、中学受験を経て入学する場合は、学力によるフィルタリングを経ていることはもちろん、受験勉強という試練を共有しているため、学力や学習習慣の面で類似性の多い友達ができやすくなります。小学校から中学校における「環境」の与える影響は非常に大きく、類似した環境下で時間を過ごした友達とは親密な関係を築きやすいといえそうです。

ただ前提として、「中学受験」に対する考え方に地域による差があることは考慮しておかなければなりません。私は熊本県出身で、そもそも受験をして入学する中学校があまり多くありませんでした。そういう環境であれば、そもそも中学受験をするという選択肢がはじめからない場合もあります。あくまで中学受験という選択肢がある環境で、かつ、しっかり勉強をさせて難関大学まで見据えたい、というのであれば、中学受験がベターな選択肢になる場合が多いと考えるのが適当でしょう。

無理強いは逆効果になる

では、環境さえ整っていれば「何が何でも中学受験！」と考えるべきかと言われると、それは「ノー」です。子どもが乗気でない場合は、中学受験が「逆効果」になってしまうこともあります。中学受験はほかの小学生が遊んでいたり、自分のやりたいことに没頭していたりする時期にまとまった時間をとって勉強しなければいけないため、精神的にも体力的にも大きなストレスがかかります。その上、「試験の点数」によって「合格」「不合格」を突きつけられることにもなり、同じような勉強をしていても本番の結果次第ですべてを否定されたような気持ちになってしまう危険もあります。「勉強を頑張りたい」「勉強が楽しい」と思い、前向きに中学受験をしたいと思っている場合はそれでもしっかり結果と向き合えるのですが、後ろ向きな気持ちで中学受験の勉強をしていると、そもそも途中で息切れしてしまったり、結果によっては「辛い勉強をこんなにしたのに合格できなかった、自分は勉強ができないんだ」と早くも勉強に対して挫折してしまうことにもつながります。

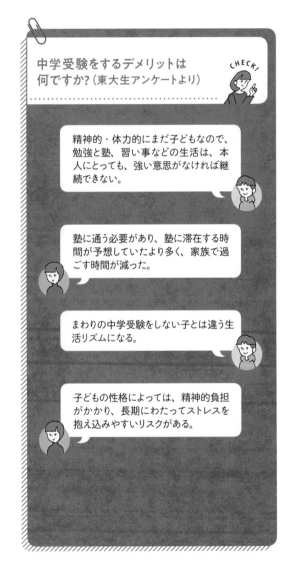

中学受験をするデメリットは何ですか？（東大生アンケートより）

CHECK!

- 精神的・体力的にまだ子どもなので、勉強と塾、習い事などの生活は、本人にとっても、強い意思がなければ継続できない。
- 塾に通う必要があり、塾に滞在する時間が予想していたより多く、家族で過ごす時間が減った。
- まわりの中学受験をしない子とは違う生活リズムになる。
- 子どもの性格によっては、精神的負担がかかり、長期にわたってストレスを抱え込みやすいリスクがある。

中学受験を検討する際には、「子どもと一緒に考える」を徹底しましょう。候補になる中学校を子どもと一緒に見学したり、その中学校に入学すると良いことがあると伝えたり、逆にそうした中学校に行くためには勉強をたくさんする必要がある、ということも伝えなくてはいけません。そうした勉強をしてでも「行ってみたい！」と子どもが思えるような中学校であれば、中学受験をする価値は十分にあります。そして、途中でつらくなったり辞めたくなったりしたら、ただ励ますだけでなく、ときにはそれを受け入れて受験しない、という選択肢も頭に入れておきましょう。その後の良い環境を手に入れるためとはいえ、ただつらいだけの受験では勉強への抵抗感が強くなってしまいますから、保護者が注意深く子どもの様子を見ながら、子どもの選択に寄り添っていく覚悟をもつべきでしょう。

メリットとデメリット

子どもといっしょに、しっかりと考えることが大事

中学受験を悩んでいる保護者に伝えたいこと（東大生保護者アンケートより）

11歳、12歳の小学生にとって過酷な受験競争は大きな負担となるため、ご両親の教育方針を押しつけるのではなく、子どもの意思をしっかりと確認することが重要。

モチベーションになり、今後の勉強にもいきる経験になるので、金銭面などの問題がないならば、受けない理由がないと思っています。
子どもにストレスを与えすぎないように、前向きな言葉をかけ、力試しのような気持ちで受けてみるといいと思います。

子どもの意思を尊重し、挑戦したいと子どもが言うならば、是非やらせてあげてください。
逆に、ほかにやりたいことがある場合は、そちらを優先させてあげてください。やりたくない受験を無理にやらせるべきではないと思います。

なかなか自分から中学受験をしたいという子はいないと思うので、親御さんからチャンスを与えるのがよいと思います。

東大生の声からわかった、中学受験を検討する際の鉄則

子どもと一緒に進路を考える

- 中学校を実際に見に行き、進学した姿を想像させる。
- 進学すること・中学受験をすることでのメリット・デメリットを伝える。

声かけの例：
「高校で受験しなくてよくなるよ!」
「友達と6年間接するから仲良くなれるね!」

受験勉強が必要なことをきちんと伝える

- 勉強量が増えるし、大変であるということは必ず伝える。
- それでも行きたい、と思えるようなモチベーションをつくる。
- 「この間見に行った学校、〇〇ができるから絶対行きたい!」などの声が子どもから聞けるとよい。

子どもの意思を最大限尊重する

- つらい勉強なので、無理にやらせるとかえって勉強を嫌いになる。
- 途中で受験をやめる、という選択もいとわない。

CHAPTER 1

13

THEME

中学受験をするなら通塾がおすすめ

さて、THEME12では「中学受験をするか／しないか」という点について、話をしてきました。CHAPTER1の最後に、中学受験を含めた「塾」との向き合い方についてお伝えします。中学受験をするという選択をすれば、塾に通わせるのは必須だとお思いの方も多いと思いますが、中学受験を「しない」場合も、塾に通わせるべきなのでしょうか。私の場合、小学5年生の夏から、友達も通っていた地元の塾に通っていました。通っていた校舎では中学受験をする人は1割程度で、そのまま公立中学校に進学する人が大半でしたが、「友達も通っているし、知らないことを知るのは楽しそう」という理由で、親に頼んで通わせてもらった記憶があります。小学生の通塾の実態とその是非を見ていきましょう。

Q 塾には何年生から通わせていましたか?

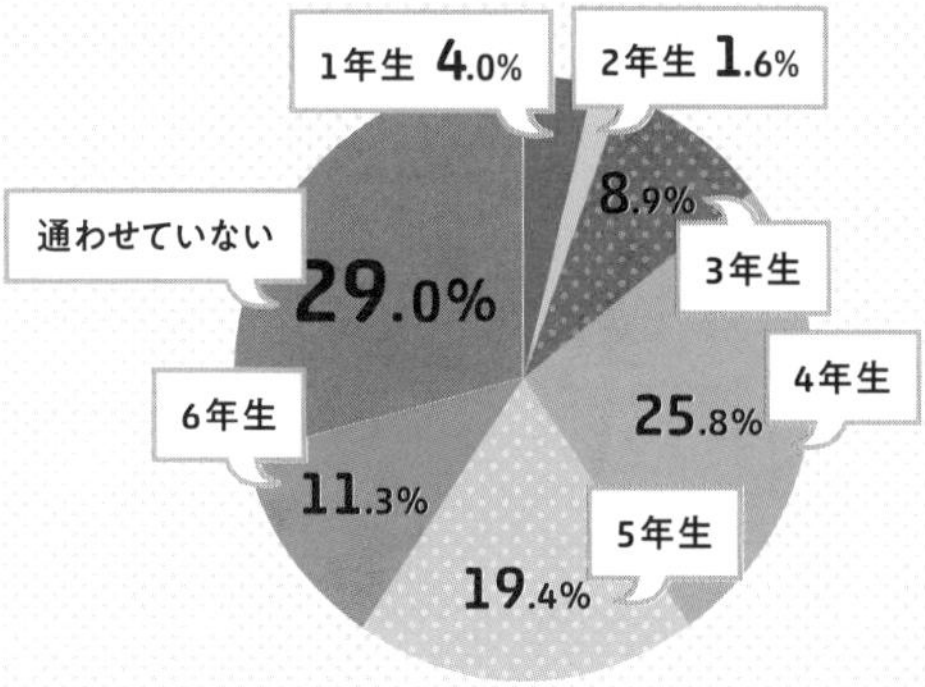

「中学受験をしていない」人の
塾に通いはじめた時期

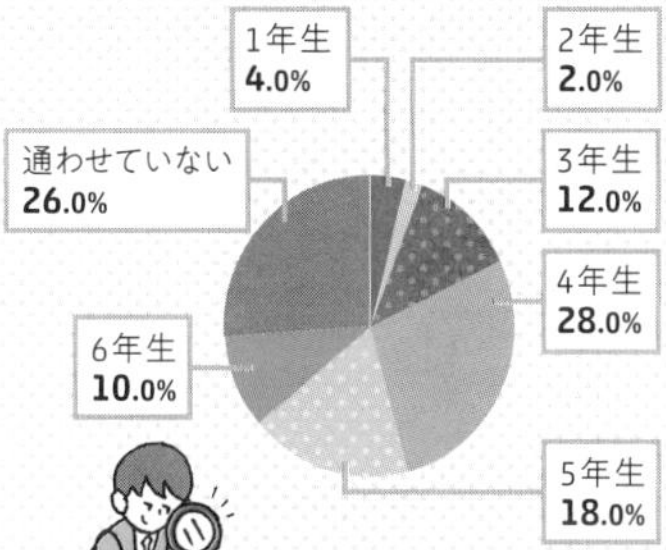

「中学受験をした」人の
塾に通いはじめた時期

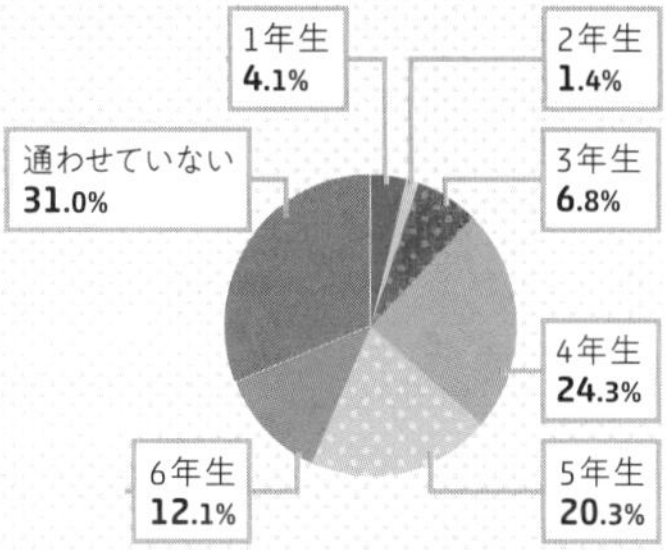

DATA

中学受験の有無で通塾率はほぼ変わらず。半数以上が小学4～6年生から通塾!

今回の調査では、71.0%の保護者が「小学生の頃に塾へ通わせていた」と回答し、小学4年生以降からの通塾率が高くなっています。これは中学受験をした／していないに関わらず同じような数値となりました。

これまでに一貫してお伝えしてきたように、いかに子どもに勉強への抵抗感を植えつけず、自信をもたせるようにできるかどうかが、小学生の勉強においては重要です。「塾選び」においても、やるべきことは同じです。いかに子どもに勉強への抵抗感をもたせないか、子どもの興味を引き出すかという点において、ポジティブにはたらくのであれば塾に通わせることをおすすめします。

アンケートでは、保護者向けに「いつから塾に通わせていたか？」を調査しました。「通わせていない」と答えたのは全体の29・0％でした。予想では中学受験をしている人はほとんどが塾に通っていると思っていたのですが、中学受験をしている人に絞っても割合はほぼ変わらず、むしろ「通わせていない」という人が31・1％と少し上回るほどでした。なぜこのような結果になったのでしょうか？　やはり、

東大生の親に聞いた「塾選びで気にしたこと」（複数回答可）

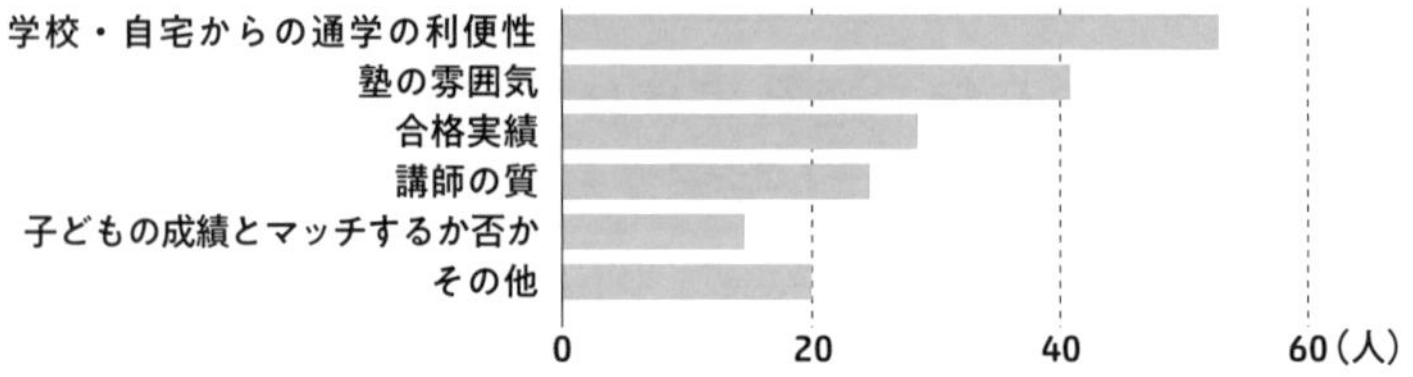

小学生を「中学受験向けの」塾に通わせると「通塾時間や移動距離」などの点でハードルが大きくなるためだと考えられます。実際、今回のアンケートの中で「塾選びの際に気にしたこと」という項目で、いちばん考慮されていたのが「学校や自宅からの通学の利便性」の項目でした。小学生の場合は、まだまだ一人で通える距離は限られていますから、一人で通える距離にちょうどよい塾があるか、保護者が送迎できる環境にあるかのいずれかでなければ、塾に通わせることができないのでしょう。

ここではそうした点も考慮しつつ、塾の重要性と通わせるべきか否かを、「中学受験の有無」に分けてお伝えします。

まず、「中学受験をする」という場合。アンケートでは「通わせていない」という人も3割いたのですが、環境が整っていれば断然「通わせる」ことをおすすめします。特に難関中学・中高一貫校を志望する場合、教科書外の知識や解法・考え方が当然のように要求されます。これを小学生のうちに独学で身につけるのはほぼ不可能ですから、中学受験に強い塾を探して通わせることで、必要な知識や考え方を身につけていく必要があるのです。逆を言えば、塾はそうした出題パ

good!

中学受験をするなら
通塾がおすすめ

ターンや定石に精通しているので、塾に通うことで効率よく中学受験の合格可能性を高めることができるようになります。あくまで可能であれば、前向きに検討すべきでしょう。

中学受験をしない場合は、子どもの意思に任せる

　中学受験をしない場合、受験のための塾ではなく、学校の授業内容を補ったり少し発展的な内容を扱って中学校での学習につなげたりすることを中心に扱う塾に通うケースが多くなると思います。塾に通わせて、少しでも成績を上げておきたい……と思ってしまいがちですが、無理に通わせると、かえってやりたくない勉強にたくさん触れることになってしまい、嫌悪感を抱いてしまう、という状態になりかねません。

　たしかに、小学生から塾に通わせることで、小学校の学習の復習になるだけでなく、勉強習慣の確立につながる側面はあります。私の場合も中学受験こそしなかったものの、学校にいるとわからない友人の成績が塾のテストでわかり、そうした勉強ができる友人の姿を見ていたことで、今後どのように勉強すればいいか、どのくらい理解で

きていればいいかなど、刺激になったことを覚えています。負けず嫌いな性格が幸いし、そうした環境がプラスにはたらいていました。ただ、このように「勉強に向き合う」環境に身を置きたいと思えるかどうかは、子どもの感じ方や性格による部分も大きいです。基本的には「子どもが興味をもつかどうか」をしっかり見極め、本人としっかり話した上で決めるようにしましょう。塾によっては、小学生の興味を引く実験やフィールドワークなどを取り入れたカリキュラムを提供しているところもあります。本人と話して塾の雰囲気や授業の様子などを体験授業などで細かく確認しながら、通塾を決定するようにしましょう。

ちなみに私やまわりで塾に通っていた人は、多くが「友達に誘われたから」というパターンで通塾していました。

興味があるならやらせる

「興味があることをやる」という意味では、学習塾もほかの習い事も一緒

意外と、学校とは違う「居場所」として塾を活用するケースも多くあります。もし「塾に通わせてみたいけど、あまり子どもが乗り気にならない」という場合は、仲の良い友達を誘って通うなどしてみるのもよいかもしれません。仲の良い友達と「勉強」でつながり、コミュニケーションを取っていくことも、勉強への抵抗感をなくし、ポジティブな感情を抱かせる立派な方法ですから、このような「勉強をともにできる仲間がいる環境」があれば、ぜひ「〇〇くんも通ってるし、学校以外でも話せるようになるよ」などと促してみてください。

10歳からの東大式勉強術入門

Chapter 2

生活習慣編

THEME

CHAPTER 2
14
THEME

夢中になったことにはとことん時間をとる！

子どもが勉強に前向きに向き合うために大事なのは、勉強習慣だけではありません。私が小学生の頃は、「空想上の地図を作る遊びをしていた」「自作の漫画を書いていた」など、遊びを自分で考え、それに夢中になっていた記憶が強く残っています。勉強とこうした遊びは、一見無関係のように見えますが、「何かに夢中になる」という経験が好奇心や探究心を育み、それがやがて何か一つの物事を「やり抜く力」につながります。今回は、遊びやスポーツなど、「子どもが夢中になったこと」に対して親がどう反応していたか、東大生の保護者へのアンケートから読み取っていきます。

Q

子どもが夢中になった物事に、どう反応していましたか?

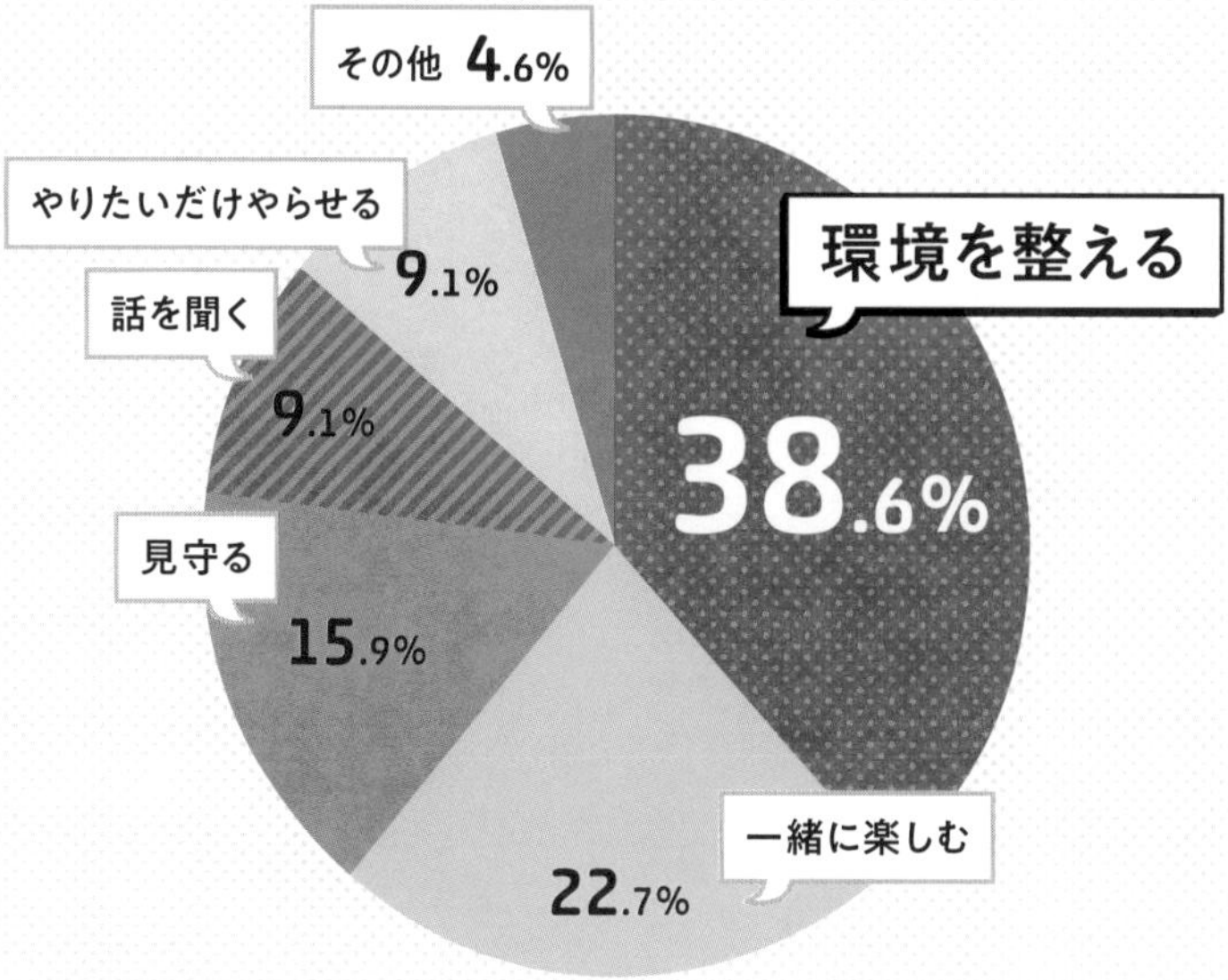

「環境を整える」「一緒に楽しむ」「見守る」が3強。基本的には「やらせてあげる」という結果に!

東大生の保護者への自由記述アンケートでは、「環境を整えてあげる」という回答が最多の40%近くでした。次いで「一緒に楽しむ」「見守る」と続きましたが、どの回答も基本的に「やりたいようにやらせる、その機会を整える」というものでした。

「子どもが夢中になったものは、とことんやらせてあげる」と聞くと、多くの方が同意されるのではないでしょうか。「やりたいことをやらせてあげる」ことで、自分が興味をもったことに対しての好奇心や探究心を育むことができ、それが勉強など、ほかの領域でも役に立ちます。そのためにも、いろいろなことに興味をもって、その中で自然と夢中になるものを見つけて没頭するという経験が重要なのですが、実際には「そんなことに夢中になってどうするの？」や「もっと別のことに夢中になってほしい……」など、夢中になる〝物事〟の内容に注文をつけたくなってしまう場合もあるのではないでしょうか。果たしてどんなときでも、子どもが夢中になった物事を素直に応援すべきなのでしょうか。また、それにどうやって関与していくのがいいのでしょうか。アンケートの記述にも触れながら、より具体的に見ていきましょう。

「好きなこと」が自信を与えてくれる

「子どもが夢中になったものはやらせてあげる」と言っても、コンピュータゲーム（以下ゲーム）などに夢中になってしまったら、親としては「もっと本を読んだり、外で遊んだりしてほしい」と思ってしまいそうです。結論から言うと、そうした場合でもやはり「できる限りの環境は整えてあげる」ことが大事です。もちろん「ゲームに夢中になってしまうと悪い影響がある」「ゲームばかりで勉強をしなくなる」という懸念もあるとは思います。しかし、そうした懸念があったとしても原則「やりたいことをとことんやる」ことには意義があるのです。というのも、10歳頃の時期に最も重要なのは「視野を広げて、その中から興味のあることを見つけ、とことん夢中になる」経験だからです。10歳頃は「心の発達においての転換期」です。できることには自信がもてる反面、できないことで自信を失いやすくなります。そうなると、勉強で難しいことにチャレンジするときにも「どうせできないからやりたくない」という思考に陥ってしまいます。こうなることを防ぐためには、「自分にはできる」という自信と、「夢中になれば楽しい」という経験を積み重ねておくことが大事です。もちろん、学校の宿題や身支度など「やらなければいけないことや決められたルール」は守らないといけない（THEME19）ですし、悪いことは理由をあわせて伝える必要がありますが、それ以外の時間の使い方についてはなるべく干渉せず、子どものやりたいようにやらせてあげるようにしましょう。

子どもの自主性に任せ、適切な距離で見守ること

逆に、「子どもが夢中になったこと」に対して、どうしても「続けさせたい」「どうせやるなら突き詰めてほしい」と、ついつい過度に介入してしまうこともあります。その気持ちもよくわかるのですが、大事なのは「続ける」ことではなく「自分の意志で突き詰めていく」ことです。せっかく興味をもっても、親にいちいち指導されるのは気持ちの良いものではありません（子ども時代に誰しもそんな経験があるのではないでしょうか）。また、興味が薄れてきてしまったものを無理に続けさせられるのも、かえって興味の喪失に拍車をかけてしまいます。この介入の「距離」を絶妙に保ち続けることが、子どもの興味の芽を育み続ける上で重要になるのです。

この「距離」の保ち方については、保護者向けに実施したアンケートの回答が参考になります。多かった回答の方向性としては、「打ち込めるように環境を整える」「必要なものを与える」「一緒に楽しむ」「ただ見守る」が挙げられますが、よりつぶさに分析すると、こうした支援をする際に注意すべきことが見えてきました。

何より注意すべきなのは、「親も興味を示してあげること」と「子どもが助け

を必要としているときに助けてあげること」の二つです。

まず、「親も興味を示してあげること」については、アンケートの多くの回答で触れられていたことです。「一緒に大事にした」「私もその本を読んでお互いに意見を言い合った」という回答が多くありました。いずれも「親が興味をもって一緒に考えてくれる」「親も自分がやっていることを理解してくれている」という安心感につながるため、親からのアドバイスや手助けを受け入れられやすくなります。

もう一つの「子どもが助けを必要としているときに助けてあげる」ということも、子どもの興味を保ち続け、自ら究めていく力をつける上で重要な要素です。子どもの好奇心や探究心を育むという目的からすれば、いちばん大事なのはあくまで「子どもが自ら興味をもったものに没頭する」ことですから、親の介入は極力減らすべきです。ただし、それで子どもがつまずいてしまったり、行き詰まって助けを求めてきたりしたら、それを解消してあげることはためらわずに実行してほしいのです。

わからないことが増えたり、行き詰まってうまくいかないことが増えたりして、自分の力だけで解決できないと、どうしてもやる気が萎えてしまいます。何か情報が足りなければ「こうしてみたらどう?」と伝えてみたり、子どもが困っていて「わからない!」と言ってくるようであれば「じゃあ一緒に考えてみようか、今どういうことをやっているの？」というように、子どもが助けを求めているときにだけしっかり手を差し伸べてあげることが、自主性を保ちながら興味を深めることにプラスにはたらくのです。アンケートの回答でも「子どもが手助けを必要とすれば助ける」「要望があれば、できるだけのことはした」といった内容が多く、いずれもあくまで子どもが自分で進めることを尊重しつつ、子どもの思い描いている理想に足りない部分を補完していくのが親の役割だと言えるでしょう。

「一緒に興味をもって」子どもの没頭していることに理解を示しつつ、「困っていれば」助言してあげることで、親も子どもも無理なく、子どもが「興味があることに没頭できる環境」につながります。強制せず、見守るスタンスを基本として、困ったときに助けてあげられるようにしておきましょう。

子どもが夢中になったことへの親の関わり方

CHECK!

「環境を整える」派の回答

予算に限りはありますが、親も興味を示して、環境は整えてあげました。

要望があれば、できるだけの事はした。

「一緒に楽しむ」派の回答

その事を調べて、子どもと冒険するような気持ちをもっていました。

とにかく本を読むのが大好きだったので、宿題が終わったあとだといつまで読んでいても放っておいたし、私もその本を読んでお互いに内容や作者について意見を言い合っていた。

「見守るだけ」派の回答

ときにはアドバイスもしたけれど、基本、ただ見守るスタンス。

見守る。没頭できる時間を与える。子どもが手助けを必要とすれば助ける。

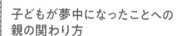

CHAPTER 2
15
THEME

どんな夢でも頑張る動機づけになる

興味のあることを深めていくと、それが「将来の夢」につながることも珍しくありません。10歳頃の私に将来の夢があったかと言われると、「はっきりとはなかった」ような気がします。「夢は何か」と聞かれて、とりあえず有名になりたいとか、人の役に立ちたいとかだけを漠然と答えていた記憶があり、まわりにもそういった人は多かった印象です。アンケートでは「10歳頃の将来の夢」に関して調査したほか、保護者がそれに対してどう対応していたか、応援していたのか、といった点についても聞いています。「子どもの夢であれば応援したい！」という気持ちはある反面、突拍子もないような夢になると応援の仕方がなかなか難しいところです。今回はそうした「夢の応援の仕方」について触れていきます。

Q 10歳頃、将来の夢はありましたか?

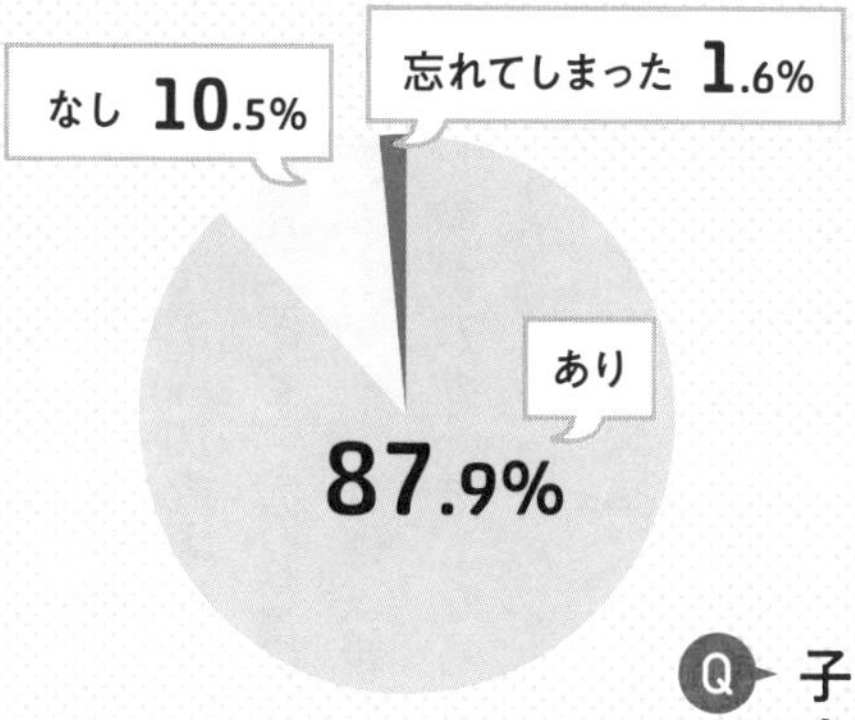

Q 子どもの将来の夢を応援していましたか?

DATA

約9割が「夢はあった」&「応援していた」という結果に!

東大生へのアンケートでは、87.9%が「何かしらの夢はあった」と回答。医師・弁護士などのほかにも多種多様な将来の夢が聞き取れました。保護者へのアンケートでは90.9%が「夢を応援していた」という結果に。どのように応援していたか、詳しく見ていきましょう。

「東大生なんだから、10歳頃から医者とか弁護士とか公務員とか、それっぽい夢なんでしょ?」と思うかもしれませんが、10歳頃の夢は意外と多種多様です。もちろん「医者」「公務員」「教師」といった回答もあるのですが、これは「親が医者だから/公務員だから/教師だから」という場合が多いようです。また、「海外で働きたい」という夢をもっていた人や、それに関連して「外交官」「国連職員」といった夢をもっていた人もいました。そして、医者やスポーツ選手などと同じくらい多かったのが「考古学者」「数学者」「科学者」など、「研究者や学者になりたい」という夢。そのほかに「作家」という回答もありました。

10歳頃の将来の夢は「親の職業」「興味をもったこと」など、自分が知っている世界や打ち込んでいる

東大生に聞いた「10歳頃の夢」

※回答数が多かったもののみ抜粋

医者	15
研究者・学者	14
スポーツ選手	12
教師	7
作家	5

ことに左右されます。逆に言えば、将来の夢の選択肢を広げて、何か目指すものを決めるためには、「知っている世界」を広げてあげることが大事になります。

いろいろなことに興味があるということが「将来の夢を見つける」ことにも役に立つわけですね。将来の夢が見つかれば、それに向けて打ち込むという動機づけにもなります。10歳頃に何かに打ち込むことは、探究心や集中力、自信をつけることにつながりますから、「将来の夢がある」ことそのものに大きな意義があるのです。

東大生の保護者の「子どもの夢」との向き合い方

意思を尊重して親の考えを押しつけず、自分で考えさせるようにした。

作家になりたいと言っていたので、旅行はもちろん、博物館や美術館など、興味のありそうな所にはどんどん連れて行った。

10歳の時に、具体的な将来の夢を思い描いてはいなかったと思うが、選択肢を少しでも増やすために基礎学力をつけさせる、考える力をきたえることを大切にした。

興味が湧くような話をして、知識を与えていた。

夢は変わっていったが、できることは協力し、あなたならできる！　と精神面でのサポートを大事にした。

では、「将来の夢」に対して、親はどう向き合えばいいのでしょうか。アンケートの回答もヒントにしながら、子どもの「将来の夢」とどう向き合うかお伝えしていきます。

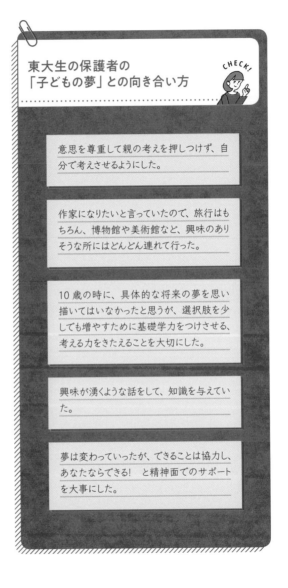

視野を広げる手助けをしてあげる

結論から言うと、夢が決まるまでは、「いろいろなことに触れさせて視野を広げる手助けをする」こと、そして決まったらどんな夢であっても「挑戦させてあげる」「見守る」というスタンスが重要です。さらに、子どもの夢はたいてい何度も変わるものですから、これを「繰り返す」のが重要になります。

もし「こういった職業を目指してほしい」というものがあれば、その職業に関連するものに触れさせるのもよいでしょう。重要なのは、くれぐれも「これを目指したらどう?」「これになりなさい」というように、親側から「これになってほしい」と押しつけないことです。さまざまなものに興味をもち、世界を広げながら夢を追っていく過程で、子どもは思考力や探究心を獲得していきますか

ら、一つのことに絞ろうとするのではなく、あくまで「視野を広げる手助けをする」ことに注力しましょう。

そして、もし子どもが「将来こういう人になりたい」「大人になったら○○になりたい」と言うようになったら、ぜひ「そのために何が必要か」を一緒に考えてあげましょう。サッカー選手であればサッカーの練習はもちろん、海外で活躍するために語学力も必要かもしれませんし、戦術を考えるために基本的な学力を身につけておく必要もあるかもしれません。研究者であればもちろん、自分が好きなことをとことん深めていくことも、勉強を続けることも必要です。このときに「スポーツ選手だからそのスポーツだけやっておけばいい」と考えないことが重要です。子どもの夢は移ろいやすいので、最終的にやりたいことが決まったときに「あのときサッカーしかしていなかったから大変……」なんてことが起こりがちです。子どもはどうしても「サッカー選手＝サッカーさえしていればいい」「作家＝たくさん本を読めばいい」と考えてしまうので、ここで親が「でも外国のチームメイトと話すには、語学力もないといけないね！」とか、「本を書くにはいろんな知識が必要だね！」と、連想させてあげるとよいでしょう。こうすることで、学校の宿題や身のまわりの片づけなどの「やるべきこと」に前向きに取り組む動機づけになります。

このように夢について一緒に考えてあげたら、あとは環境を整えてあげて、見守ってあげる、助けを求められたら手助けする、というスタンスで向き合うようにしましょう。どんなに無謀に思える夢でも、子どもが本気で目指しているのであれば、応援してあげることが大事です。応援してあげることで、目標に向かって何かに打ち込む、という経験ができ、たとえその目標が変わったとしても、新しい目標に向き合えるようになるのです。言ってしまえば夢は「叶わなくてもいい」もので、むしろその経験から得られることを次に活かしてくことのほうが、その後の子どもの人生において大きな財産になります。

何が必要?

夢に関連するものは
子どもだけでは
なかなか考えつかない

CHAPTER 2
16
THEME

お手伝いで自信アップ！

普段の生活において、やらせるかどうか迷うものとして「家事の手伝い」が挙げられるかと思います。私の場合は、手伝いをしようとしても「時間がかかるからやらなくていいよ」と言われ続けていたのを覚えています。

子どもと、家事の手伝いについて、アンケートを参考に見ていくことにしましょう。

Q

子どもに家事の手伝いをさせていましたか?

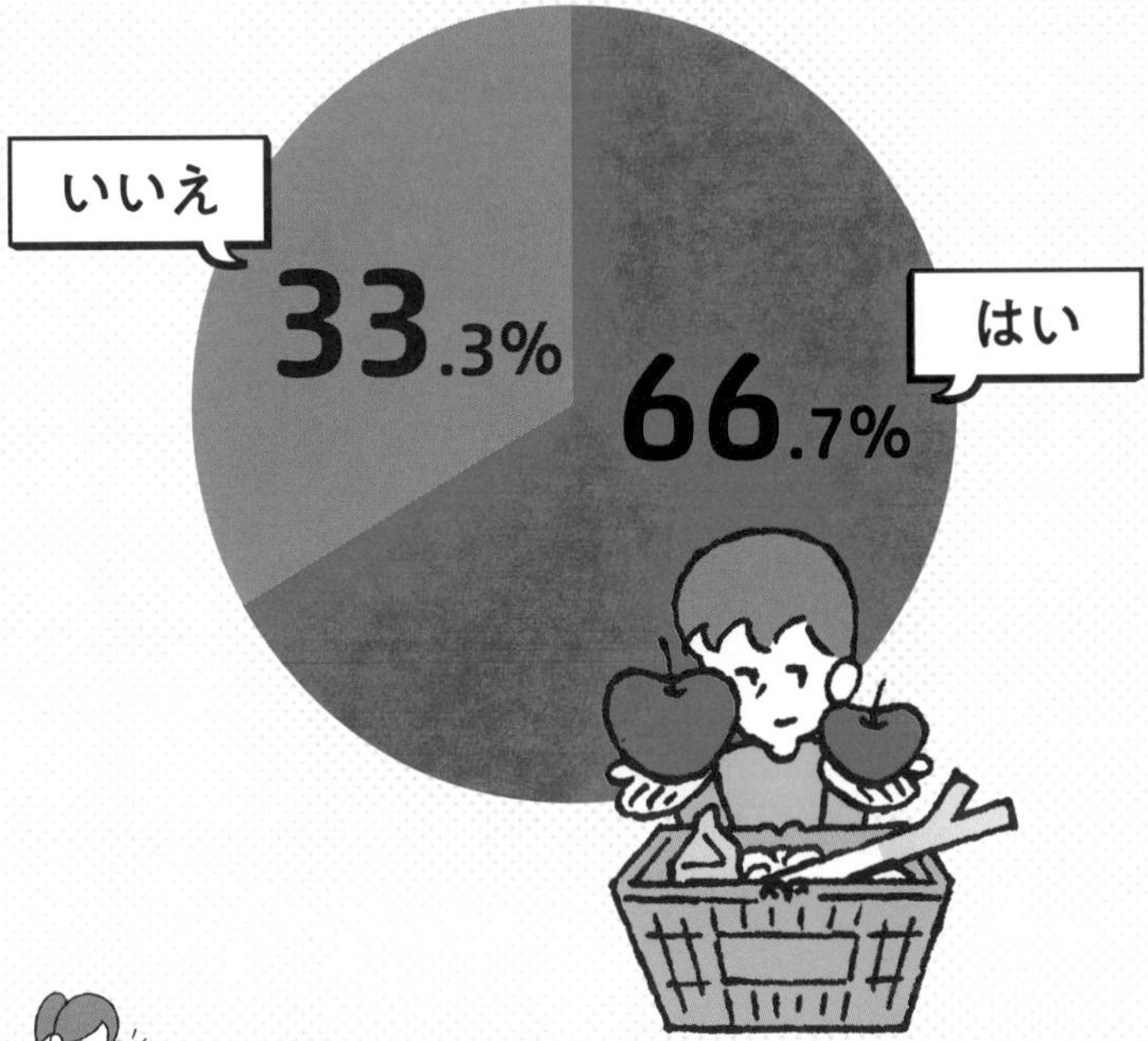

DATA

家事の手伝いは「させていた」が3分の2。たまにでもいいからやらせるべき?

東大生の保護者へのアンケートでは、「家事の手伝いをさせていた」が全体の66.7%、ちょうど3分の2という結果に。「毎日ではないがたまにやらせていた」というご家庭も多いようです。

ここまで一貫して「子どもの興味をなるべく広げてあげることが重要」という話をしてきました。家事の「お手伝い」に関しても言えることは同じで、「子どもが興味をもっていればやらせてあげる」ということです。もちろん「食器を流し台まで運ぶ」といった「身のまわりのこと」は「お手伝い」には含みません。そうではない「料理の手伝いをする」「洗濯物をたたむ」といった家事への貢献は、子どもが興味をもつようであれば、少しでも手伝ってもらいましょう。

「お手伝い」がもたらすメリットの中でいちばん大きいのは、「親からの信頼」をわかりやすい形で子どもが実感できることです。「お手伝い」は、なにかを「子どもに任せる」ことであり、子どもを信頼していることの表れになります。子どもにとって、親から何かを任せられるということは、それだけで一人の人間として信頼されているという自信につながるのです。10歳頃はどうしても自信を失いがちな時期ですから、何かに取り組んで自信をつけるという経験が、勉強やほかのチャレンジにもプラスにはたらくことになります。

子どもに手伝いをさせると、どうしても口出しをしたくなる場合もあります。しかし、なるべくおおらかに構えて、子どもに自信を与えるためだと思って任せてみてください。声かけをするときは、「こうするともっと良くなるよ」「ここまでやってくれると助かるな!」と前向きな言葉で話してあげるだけでも、この自信は保たれるので、ぜひ意識してほしいところです。

子どもに「お手伝い」してもらうメリット

好奇心の刺激

興味をもったことをやることで、好奇心や探究心が芽生える

思考力の向上

手先を動かすことや効率の良いやり方を考えることが思考力向上につながる

協調性の向上

だれかと協同する上での協調性が身につけられる

自信

なにかを担されることで「親から信頼されている」という意識が自信につながる

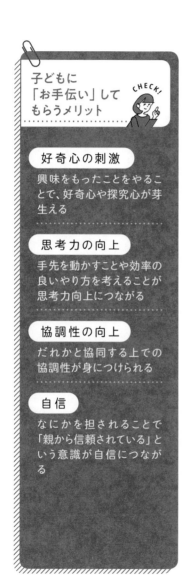

このように、「お手伝い」をやってもらうこと自体にも多くのメリットがあるのですが、「子どもが興味をもったことをさせる」という点でもメリットがあります。子どもの視野をこの時期に広げておくことで、何か熱中するものも見つけやすくなりますし、新しいものに対する好奇心・探究心も湧きやすくなります。特に「お手伝い」は身近なもので視野を広げ、興味が湧きやすいので、興味をもったら少しでも取り組んでもらうようにするといいでしょう。

とはいえ、家事を手伝わせると時間もかかるし、少し大変……というのも事実です。負担を減らしつつ子どもに家事を手伝ってもらうポイントと、具体的な家事の例を挙げておきましょう。P.129の表に挙げたものは、比較的簡単に任せることができ、かつ失敗してもリスクの小さいものばかりです。

お手伝いが「考える」きっかけになる

おすすめは「野菜や果物の皮むき」と「軽いおつかい」です。いずれも私も小学生時代によく任されていたお手伝いです。

野菜の皮むきであれば、「玉ねぎは何回むいても皮みたいになっているし、涙が出そうになる」とか「きゅうりのぶつぶつは何なんだろう?」というように、普段と違う体験をすることにつながり、これがそのまま「もっと知りたい、調べてみよう!」という探究心が芽生えるきっかけになることもあります。普段食べているものが調理前はこういう形をしているんだな、という理解を促し、さらに興味をもってそれらの食材の育ち方を調べる動機づけをするという、座学では得られない生きた学びの機会です。

おつかいについても、食材をすべて買ってきてもらうのはハードルが高いので、「牛乳とパンを買ってきて」とか「バターを買ってきて」と、少ない量から始めるのがよいでしょう。そのとき、「牛乳(1L)1本」「食パン(6枚切り)1袋」のように、具体的なメモを持たせてあげましょう。いきなり任せるのが心配であれば、親子でスーパーに行ったときに「牛乳をとってきて」と頼むことから始めてみてもいいでしょう。おつかいに行くことで「同じものでもたくさん種類があって、どれを買えばいいんだろう?」いつもの銘柄を選ぶ理由はなんだろう?」ということを考えるきっかけにもなりますし、「消費税って何だろう?」と世の中の仕組みを考えたり、「全部買うといくらになるんだろう?」と簡単な暗算をしたり、いろいろなことを考える経験ができます。さらに「余ったお釣りで好きなものを買ってもいいよ」と伝えておけば、お釣りの計算をして計画を立てるので、より効果的です。子どもによっては、「りんごが4種類あったから、青森県産を買ったよ。アメリカ産もあったよ。」と、産地のラベルに注目して考えることもあるでしょう。一緒に買物に行くときに話してあげるだけでもいいですが、やはり自分でお金を払って買う、という経験によって得られる知識は、より強く定着するでしょう。

「お手伝い」は、捉え方や任せ方次第で子どもの視野を広げるきっかけになります。気軽にできるときに、ぜひお手伝いを頼んでみましょう。

任せやすく効果が高い「お手伝い」

洗濯物を取り込んでたたむ

失敗しても問題になりづらい作業のわりに、手先を器用に使う必要があるため、作業している実感が湧きやすい。どうたためば効率的か、しわにならないかなどを子どもに考えさせるとより有意義な時間となる。

野菜や果物の皮むき

火や刃物を使う料理の中でも、比較的任せやすい。普段食べているものがもともとどういう形・構造なのか知ることができる。親と一緒にキッチンに立ち、「力を合わせて作った」という実感が得られる。

お風呂掃除

浴槽の掃除だけであれば短時間でできるため任せやすい。毎日の習慣にしてしまうのもよい。

おつかい

家から外へ出て目的を達成するという経験は、子どもにとってはワクワクする経験になる。お金の計算だけでなく商品の陳列棚を見て産地を知ることなど、勉強になる要素もたくさんある。

CHAPTER 2

17

THEME

疑問に答えてもらえる環境が好奇心をふくらませる！

いろいろなことに興味をもって、その中から夢中になるものを見つけて深めていくということは、必ずしも特別な経験をする必要はなく、普段の学校生活や日常生活でも養われます。自分のことを振り返ってみると、家に帰るとひっきりなしに親に何かを質問していたような気がします。

「なかなか答えにくい質問をされた」「毎日のようにいろいろ聞いてくるけど、どう答えればいいのかわからない」という経験はありませんか？　ここでは、そうした「子どもの疑問」をどのように受け止め、どう答えればいいのか、また、逆に疑問をどう引き出したらよいいか、アンケート結果も参考に見ていきましょう。

Q

日常の疑問は誰に質問していましたか?

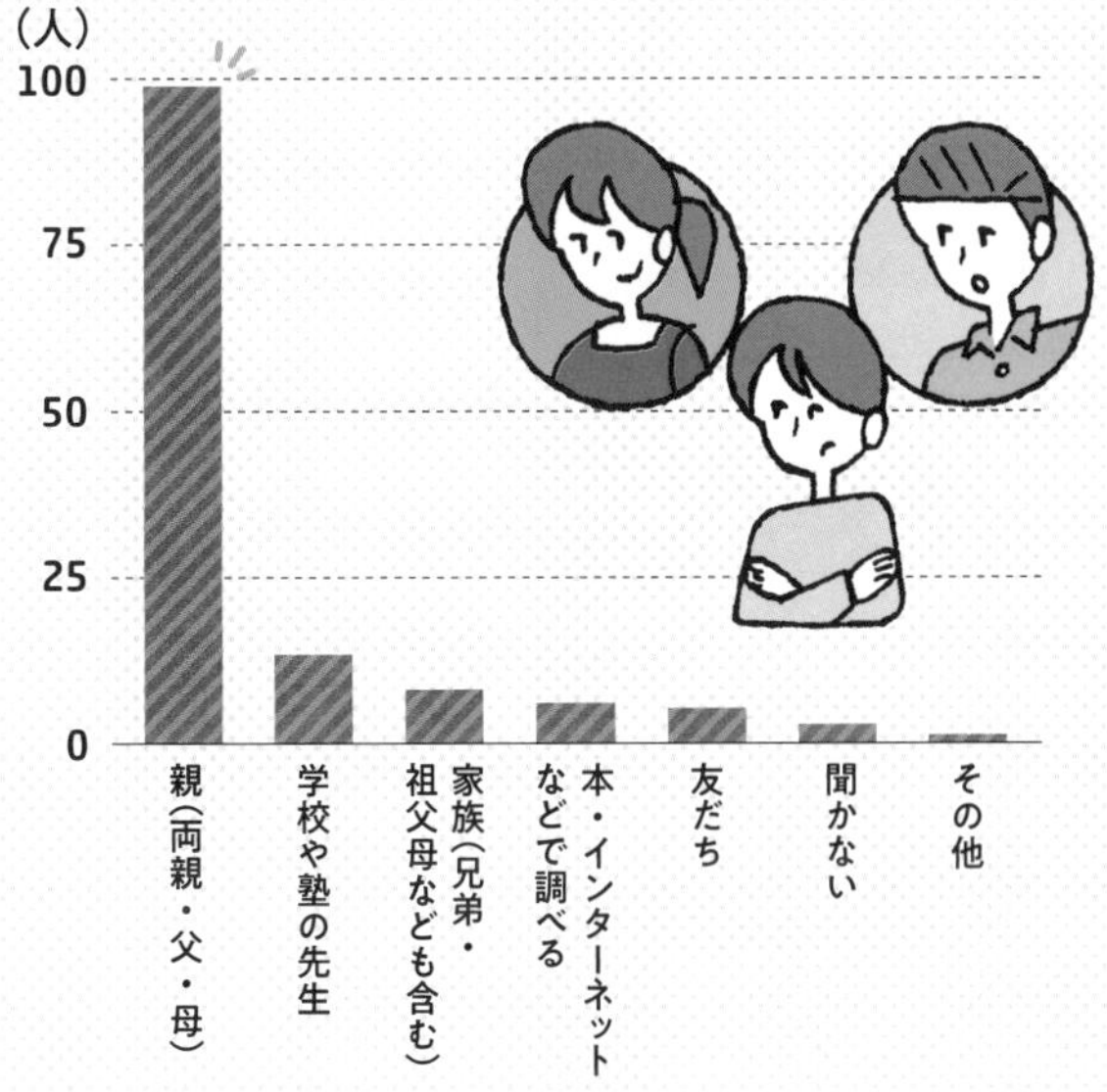

DATA

日常の疑問は「親に聞く」が圧倒的多数!

東大生への「日常の疑問は誰に質問していたか?」というアンケート(複数回答可)では、やはり身近な「両親」「父」「母」のような答えがほとんどでした。疑問を投げかけられた場合は、「正しく」「丁寧に」答えることが鍵になりそうです。

日常生活で素朴な疑問があったとき、塾や学校の先生に聞いたり、友人に聞いたりすることもあるようですが、8割の東大生が「両親」「父」「母」という回答でした。いちばん身近な存在だからこそ、何か疑問があったらすぐに聞いていたようです。そうなったときに悩んでしまうのが、「聞かれたことにどう答えればいいのか？」ということですよね。「わからないことが出てきたらどう答えよう？」「答えにくい質問をされたらどうしよう……」とならないために、質問への答え方のポイントをお伝えしていきます。

子どもへの返答で気をつけていたことはありますか

CHECK!

わからないことは調べて答えるようにした。

できるだけ正しく答える。

可能な限りその場で返事をし、知っている範囲で丁寧に答えること。

一方向だけでなく、いろんな考え方があることを伝えるようにした。

ごまかさないで一緒に考えた。

アンケートで多かった回答は、「できるだけ正しく答える」「間違ったことを適当に答えない」「なるべく正確にと心がけた」といった「正確性」を求めるものと、「ごまかさない」「知っている範囲で丁寧に答える」「どんな質問でも真摯に受け止めるようにしていた」といった、返答する際の「正直さ」を意識するものがありました。

子どもの質問に答えることには、子どもの知的好奇心を「育む」役割があります。また、子どもの素朴な疑問に一つひとつ答えていくことで、さらにその答えからまた疑問が生まれ、どんどん知りたいことが増えるという好循環につながります。この知的好奇心の芽を摘まないような答え方が大事なのです。その際、重要なのが、アンケートにもあった「丁寧に答える」「疑問に真摯に向き合う」という態度です。親がきちんと疑問に答えてくれる、そうでなくても一緒に真剣に考えてくれる、ということがわかれば、次も尋ねてみようという気が起こり、「何でだろう? 今度聞いてみよう!」という思考になりやすくなります。逆にここで「そんなのわからないよ」といった態度をされてしまうと、「ああ、こういう疑問は聞かないほうがいいんだ」「わからないけど、まあいいや」という考えに陥ってしまうのです。

忙しいときも適当にあしらうのではなく「今は答えられないから、ご飯のときにもう一回聞いてね」と話しておくだけで違います。しっかり子どもの疑問を聞いてあげて、答えられる質問であればしっかり答える、もし答えられないとしても一緒に考えてあげる、または一緒に調べてあげることで、「次もしっかり答えてくれる！」という期待感を壊さず、子どもの知的好奇心をくすぐり続けることができます。

でも、せっかく丁寧に疑問に答えるのであれば、正しい内容を子どもに伝えたいですよね。間違った知識を子どもが覚えてしまったり、偏った考え方になってしまったりするのは避けたいところです。では、答えにくいような質問や、そもそも決まった正解がないような質問には、どのように対応すべきなのでしょうか。

たとえば「夕日はどうして赤いの？」「海はどうして青いの？」といった大人でも思わず考え込んでしまうような難しい疑問を投げかけられたとし

まずは子どもの疑問を「聞く」姿勢が大事

たら、どのように説明しますか? 仕組みを知っていたとしても、子どもに正確にわかりやすく教えるのは困難ですよね。こうした疑問を投げかけられると、どうしても適当に答えてたり、「そんなのお母さん(お父さん)もわかんないよ」とはぐらかしたりしてしまいがちです。しかし、子どもの好奇心を育てるためには、必ずしも「親が自分で答える」必要はないのです。「お父さんもよくわからないから、一緒に調べてみようか」と言って子ども向けの科学誌や図鑑などを一緒に見るのもいいですし、一緒にインターネットで調べてそれをわかりやすく説明してあげるのでもよいのです。一緒に調べなくても、「この本にたくさん書いてあるから、自分で調べてみるといいよ」と促してもよいでしょう。こうすることで、「自分で気になったことを調べる」ことができるようになりますし、本で調べる過程で新たな興味を開拓することもできます。

説明が難しい質問への答え方

「夕日はどうして赤いのか?」「海はどうして青いのか?」のような、説明が難しい質問にはどう対応していましたか?

難しくてわからないから、
一緒に考えようと話してました。

図鑑を一緒に見て、
答えを探していました。

科学的な質問は割と答えることができた。
わからない時は
子どもと図書館に本を借りに行く。

子どもから学校の先生に
聞いてもらい、
受けた説明を、家族にしてもらう。
赤い夕日も青い海も体験させた。

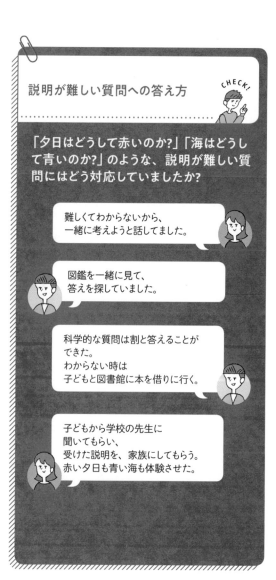

「説明が難しい疑問」に対しては、一緒に調べたり調べるきっかけを与えたりすることで、子どもの好奇心をふくらませられるのですが、中でも難しい疑問が「人は死んだらどうなるの?」というような、明確な答えがない疑問です。こういった疑問こそ、「何でだろうね」「わからないね」とはぐらかしてしまうことが多くなりそうです。ここでもいちばん大事なのは「丁寧に、真摯に向き合ってあげる」ことです。答える際には「子どもにもしっかり考えさせる」こと、「答えは一つではなく、いろいろな考え方があると知ってもらう」ことを意識してみてください。答えがない/わからないものを「こういうことだよ」と断定してしまうのは、事実ではないことを伝えることに等しいので避けるべきです。そして、「あなたはどう思

これはムリ…

すべてのものに正解が
あるわけではない

これでOK!

意見を出し合う
結論がまとまらなくてよい

う？」「私はこう思うな」と、あくまで一つの意見として伝える・聞く、その上で「どうなんだろうね？」と一緒に考えてあげることで、子どもの好奇心や想像力にフタをせず、さらに思考力を深めていくことができます。そしてぜひ、これも「本などで一緒に調べる／調べてもらう」ということまでやりたいところです。明確な答えがないことは、本にも多様な考え方が載っているはずです。「死んだ人に話を聞くことはできないから、死んだあとの世界はわからないんだよ。だから、いろいろ想像をしている人がいて、いろいろな考え方があるんだ」といったように、どれが正しいというわけではなく、さまざまな考え方があるということを伝えてあげましょう。

なかなか答えづらい質問も多いですが、ごまかすのではなくしっかり向き合ってあげて、好奇心や想像力を膨らませてあげるようにしてください。

「答えのない問い」の答え方

CHECK!

「人は死んだらどうなるのか?」のような、答えがわからない・ない質問に対してはどう答えていましたか?

どうなるのか一緒に考えて
お互いいちばんおさまりがよいような
答えを探していたように思います。

一緒に考えた。
私もわからないので。

親自身の考えをそのまま答えていた。

一緒に想像した。
はぐらかすことは避けた。

一般的な説についていくつか挙げる。
いろいろな物事の考え方があること
を教え、私はこう思う、と締める。

CHAPTER 2
18
THEME

親と一緒に食事をとる

子どものコミュニケーションの場として機能しやすいのが、「食事」の場面です。同じ食卓でその日の出来事を話しながら食事をするという時間は、貴重なひとときですが、その一方で近年は、親の共働きや子どもの通塾でそういった時間もなかなか取れない……というご家庭も多いのではないでしょうか。

ここではそんな「食事の時間」の過ごし方について触れていきましょう。私の場合は母親は専業主婦、自分も長男だったこともあり、比較的家族で食卓を囲む機会は多かったのですが、兄弟の生活リズムや親の仕事によっては、なかなかそうはいかないことも多いでしょう。東大生の食卓事情について少し紐解いていきましょう。

Q 親と一緒に食事をしていましたか？(朝食)

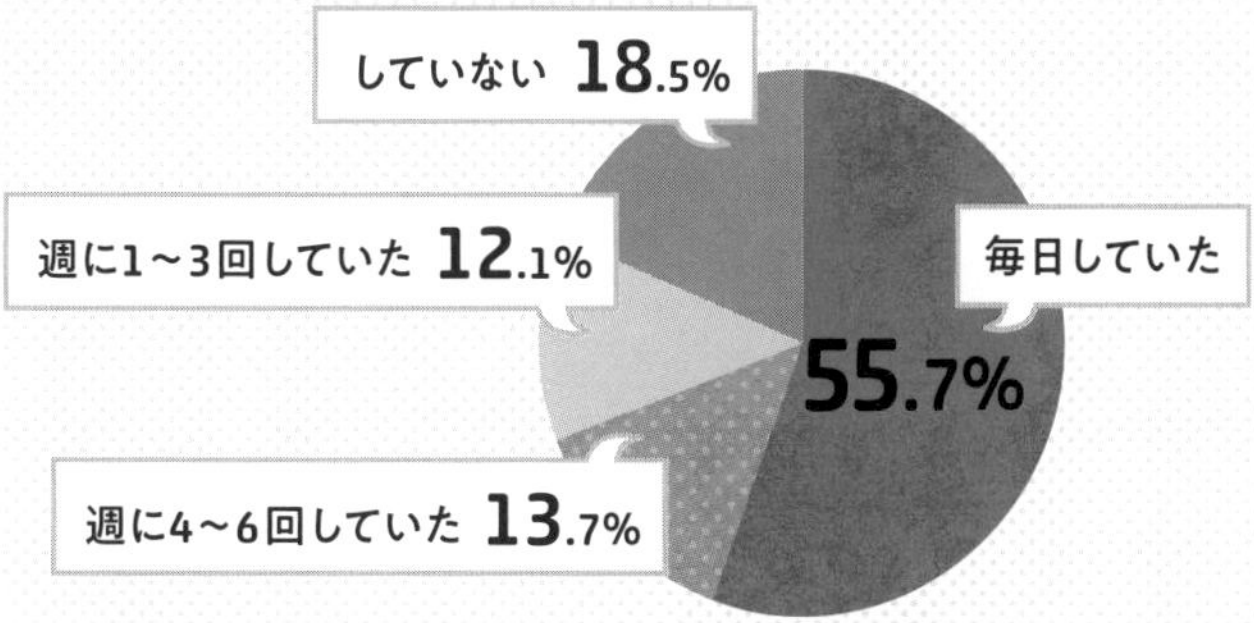

Q 親と一緒に食事をしていましたか？(夕食)

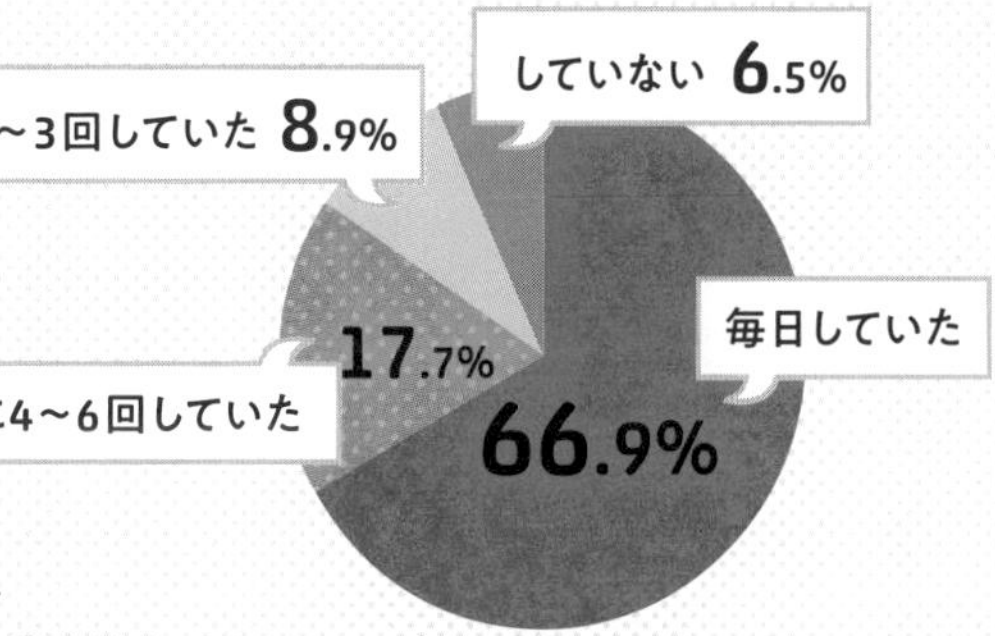

DATA

朝食は56%、夕食は67%が「毎日親と一緒に、とっていた」と回答！

東大生へのアンケートでは、朝食・夕食を週に1回でも親ととっていたという回答がそれぞれ81.5%・93.5%という結果に。毎日という回答もそれぞれ56%・67%あり、特に夕食は9割以上の東大生が親と接点をもつ場としていたようです。

アンケートでは9割以上の東大生が「週に1回は親と食事をしていた」という結果になりました。家族で時間を合わせやすく、時間にも余裕があってコミュニケーションの場となりやすいという点で、夕食のほうが「毎日一緒に食事をしていた」という割合が高いのも納得です。これらのアンケートやさまざまな研究から、食卓における親とのコミュニケーションの重要性と、注意すべきポイントについてお伝えしていきます。

何となく「食事を家族で食べることは大事」と考えている方も多いと思いますが、そもそも食卓におけるコミュニケーションの重要性は、多くの研究・分析で明らかにされています。食卓で家族とともに過ごすことは、「毎日同じ相手と話すこと」「近い距離で話すこと」「食事の前後も含めて同じ時間を過ごすこと」「繰り返し行われること」から、ほかの人間関係でも必要不可欠なコミュニケーション力を育む場として大事だと言われています。つまり、食卓でしっかりコミュニケーションを取れることが、そのまま他人とのコミュニケーションや社会での他者との協同において活きてきます。毎日会話をすることで、どういう話をすると会話がつながるのか、どういう話し方をすると伝わるのか、などを試行することができ、コミュニケーション力を発達させる上での絶好の機会になり得るのです。

純粋に親子関係という側面でも、母親・父親の6割から8割は「食事をする場面がいちばん子どもと密にコミュニケーションを取れる時間」だと認識しているという研究や、食卓でなかなか親子関係が構築できない家庭は、ほかの場面でも親子関係が不安定になってしまうという分析もあります。総合的に考えて、親子関係を安定させて子どもとコミュニケーションを取る場として、食事の場が大きな役割を果たしていると言えます。自分のことを振り返ってみても、たしかに家族としっかり向き合って話をする時間は食事の時が多かったです。ほかの時間は、自分で一人で遊んでいたりテレビを見ていたりしていて、わざわざ親と腰を据えて話すような機会は少なかったように思います。「食事」は、じっくり家族と話す機会になるのではないでしょうか。

食卓と社会性

コミュニケーションの練習の場と思って大切にしたい

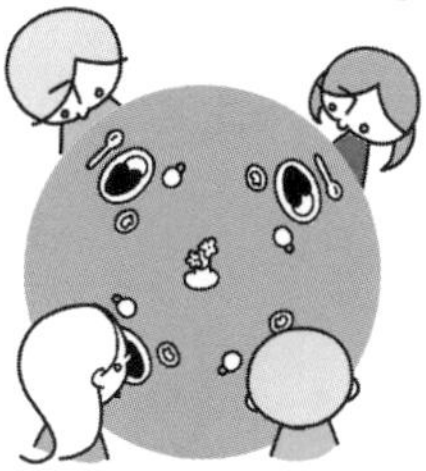

その日あった出来事を親に話す

東大生へのアンケートでも、「よく親にその日の出来事を話していた」という人は7割、親も「ほぼ毎日その日の出来事を聞いていた」という回答が7割弱という結果で、積極的に親とその日の出来事について話すという回答が目立ちました。子どもからその日の出来事を聞くことは、親子関係の構築以外にも子どもの自己肯定感を高めたり興味関心を広げたりすることにも役立ちますから、ぜひ大切な時間と考えてほしいです。

親にその日の出来事を話していましたか？（東大生アンケート）

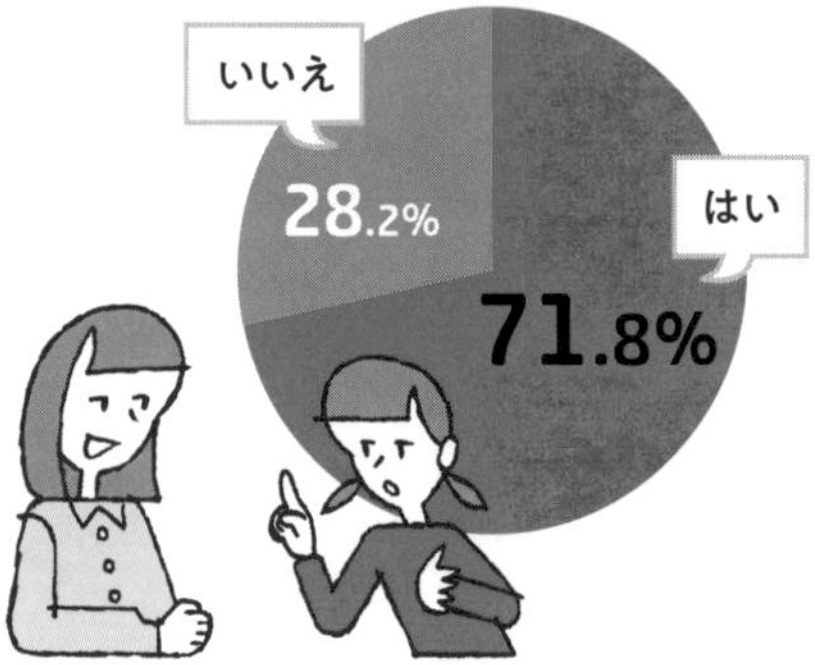

食事中に「その日の出来事を話す」ことには、「自分が思っていることを整理して話す力」がつくというメリットもあります。10歳頃の時期は、考えていることや経験していることが少しずつ複雑になっていくだけでなく、それを他者に伝える機会が増えてきます。こうした時期に「自分が思っていることや経験したことを整理して他者に伝える」事ができるようになるためには、どういう話し方をすると伝わりやすいのか、反応してもらえるのかを実際に話す経験を積みながら知っていくことが必要です。そのいちばん身近な機会が、親にその日の出来事を話すということなのです。こうした経験を積み重ねていくことで、瞬時に情報を整理して話す力がつき、そのまま「自分が知っていることを整理して必要な情報を取り出す」ことにつながってきます。

子どもからその日の出来事を聞いていましたか?(保護者アンケート)

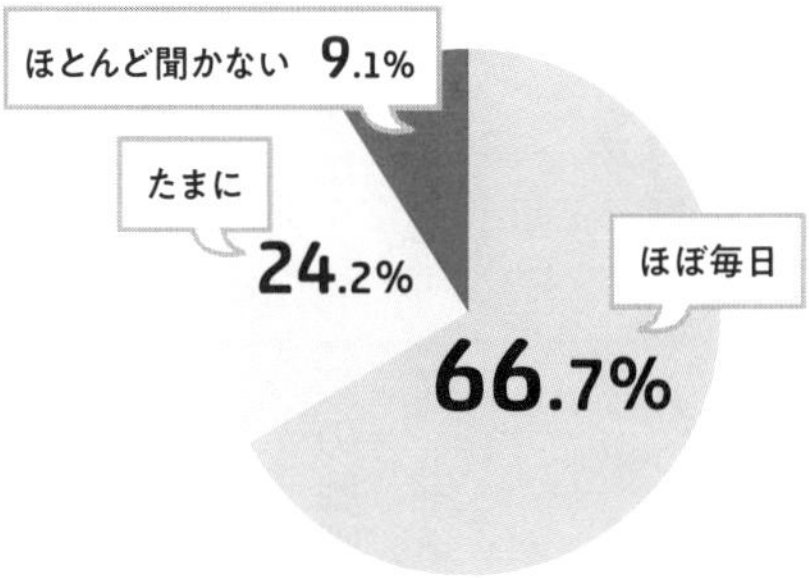

こうしたメリットを活かすためにも、毎日は難しくても、なるべく子どもと一緒に食事をとり、その中でその日にあった出来事や学校での生活の様子を聞いてあげてほしいと思います。週末などにできるだけ家族全員がそろう機会をつくるのでもよいかもしれません。私の家庭でも家族全員がそろうのは日曜日の夕食だけでしたが、その中で普段あまり話せない父親の仕事の話や、車の話題、出張で行った先の話などを聞くことができ、そこからいろいろな興味が湧いた覚えがあります。

食事の場で話を進める際は、「子どもの話に質問してあげる」「親から子どもの興味のある分野や友人関係などについて聞いてあげる」といったところを意識して、子どもが自分から整理して話せるようにしましょう。

家族団らん

食事の時間に
得られるものは
栄養だけではない

Creating Self-Motivated Learners : How to Develop Your Self-Confidence and Broaden Your Horizon

CHAPTER 2
19
THEME

最低限のルールをつくって守る

ここまでは、子どもとのコミュニケーションの中で子どもの自己肯定感やいろいろな分野への興味を高めていくことについて話していきました。ここからは、もっと基本的なことに立ち返って、「生活の上でのルールを守れるか」というところを取り上げていこうと思います。「東大生の家庭はどこも厳格で、厳しいルールがあるのでは？」と思われるかもしれません。そこで、「家庭でのルール」についてのアンケート結果を見ていきましょう。

Q

家庭内で子どもに対してルールを設けていましたか?

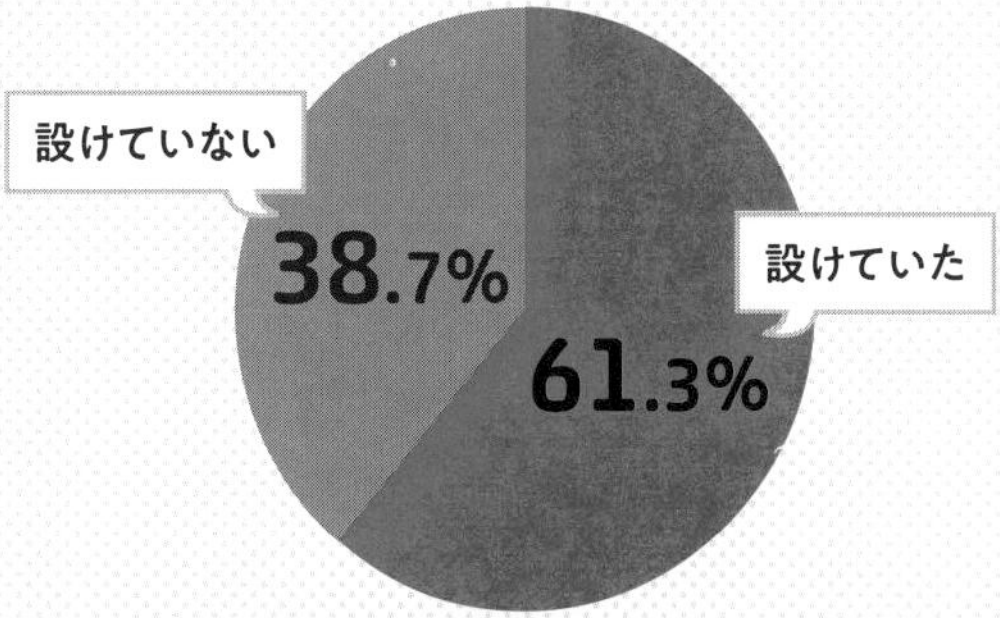

家庭内で設けていたルールの一例（多かったもの）
宿題は帰宅後すぐにやる。 ゲームは1日30分まで。 携帯電話は16歳まで持たせなかった。 挨拶をきちんとすること。 朝食は必ず食べる。

DATA

ルールを「設けていた」が過半数。「宿題」「ゲーム」「挨拶」のルールが多い?

保護者向けのアンケートで、子どもに対してルールを「設けていた」という回答が61.3%でした。ルールの中身は「ゲームの時間」「挨拶をする」などが多く挙げられました。

「ルールは特に設けていない」という回答も意外と多かったのが印象的で、「ルールを設けていた」場合でも厳しいルールを細かく決めていたという回答は少ないという結果でした。それでも「最低限やるべきことはやる」ということは鉄則のようです。ルールを決めて守らせることでどのようなことが育まれるのか、そしてルールを決めるときに気をつけるべきことは何かという点を見ていきましょう。

ルールを守れる子は「自分を律する」ことができる

ルールを決めてそれを守るということは、「決めたことをやりきる力」と「嫌なことでも、自分にプラスになる理由があればやる力」を身につけることになり、ひいては学業の成果を高めることにつながります。

「規範意識」と「学力」の関係はよく研究されていて、「規範意識が高くなると自律心が強くなり、学業にもきちんと向き合える」「規範を守って自律的に行動するという意識がそのまま自己肯定感につながり、学業を含む広範な活動への活力を生む」などの仮説が挙げられています。どういうことかというと、「ルールを守る」という行動により、「多少嫌なことでもやるべきことはやる」という思考パターンが形成され、それが自律心につながります。その結果、「宿題をきちんとやる」「必要な勉強はやる」ということを自然にできるようになるわけです。このように、「ルールを守るという力」は、それ以外のことにも好影響を及ぼすのです。

ルールは最低限でいい

では、何でもルールを決めてやるべきかというと、やり過ぎると逆効果になってしまいます。あらゆることがルールになっていると、子どもの興味や自発的な行動の芽を摘んでしまうことになるのです。私の小学生時代も「帰ったらまず宿題をやる」「ゲームは1時間ま

で」のルール以外はありませんでしたし、アンケートでも「最低限のルール」しか見られませんでした。あくまで「きちんと守る」ことが重要なので、ルールは最低限でいいのです。

この「最低限のルール」を決めるときに重要なのが、そのルールを子どもがきちんと納得して受け入れているかどうかです。理不尽なルールは子どもに「何でこんなルールがあるんだ」という疑問を抱かせてしまい、それを無理に守らせようとすると、必要なルールに対しても反抗的になってしまいます。子どもと接しているとついつい自分の理想の行動を子どもに求めてしまいます。子どもにとって良かれと思っても、子どもはあまり納得していなかったり、子どもの自主性を軽んじてしまっていたりすることも気づかないうちに起こってしまいます。もし今決めているルールがあれば、「本当に必要なルールなのか？」というところは一度見つめ直してみてもよいでしょう。そして、新しくルールを決めるときは、「なぜそのルールが必要なのか」を子どもとよく話し合って決めます。たとえば「ゲームは1日1時間まで」というルールも、「1時間以上やると目が悪くなる（私の場合はそんな理由だった気がします）」からなのか「勉強もやらないといけない」からなのかで納得度も変わってくるでしょう。「帰宅後すぐに宿題を済ませる」というルールであれば、「やらなければいけない宿題を先にやれば、そのあと思う存分遊べるから」という理由を話していくことで、納得度の高いものになるはずです。

ほかにルールとして挙げられていたのが「挨拶をきちんとする」でしたが、これらは「人と話すときに失礼がないようにする」ということ、「コミュニケーションを取って信頼関係を築くこと」をわかりやすく伝えてあげて、「だから挨拶が大事」と伝えてあげることが重要です。一つひとつのルールを決める際にも、それぞれ納得できるよ

最低限のルールとその理由の例

帰ったらすぐに宿題をやって、遊びはそのあとにする

やらなければいけない宿題を確実に終わらせるため、先に大変なことを片づけるとそのあと思い切り遊べる。

知っている人と会ったら必ず挨拶をする

きちんと挨拶することで、良好な人間関係が築くことができ、自分の助けにもなる。

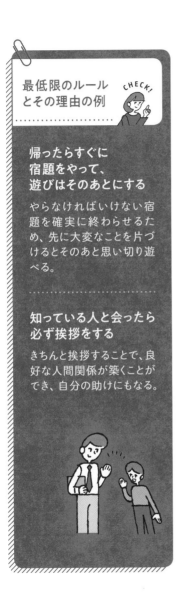

うに子どもと話し合い、必ず「こういう理由でこのルールを守ろうね」と伝えることで、より有意義で守りやすいルールにすることができます。

口約束だけだとどうしても忘れてしまうことがありますから、決めたルールは紙に書く（子どもに書かせてもいいでしょう）ようにして、目に見える形にしておきます。そうすれば、「破ってはいけない決まりごとだ」ということがはっきりわかってルールとして機能しやすくなり、もし破ったとしても書いたものを示して注意ができるでしょう。

step 1

ルールは
必要最低限な数だけ

step 2

話し合って
理由を納得する

step 3

紙に書いて貼る

Creating Self-Motivated Learners : How to Develop Your Self-Confidence and Broaden Your Horizon

CHAPTER 2

20

THEME

見たいテレビを自由に見て視野を広げる！

生活習慣の中での「ルール」と子どもの興味・関心との折り合いが難しい例として、「テレビをどのくらい見せるか?」が挙げられます。最近では、テレビ以外にYouTubeも同様かもしれません。テレビやYouTubeばかり見ているのは良くないと思う反面、見ることでいろいろなことに興味を広げるきっかけになるという側面もあるはずです。テレビに関する東大生とその保護者の関わり方から、バランスの良いテレビ視聴のルールを見ていきましょう。

Q

テレビについて制限はありましたか?

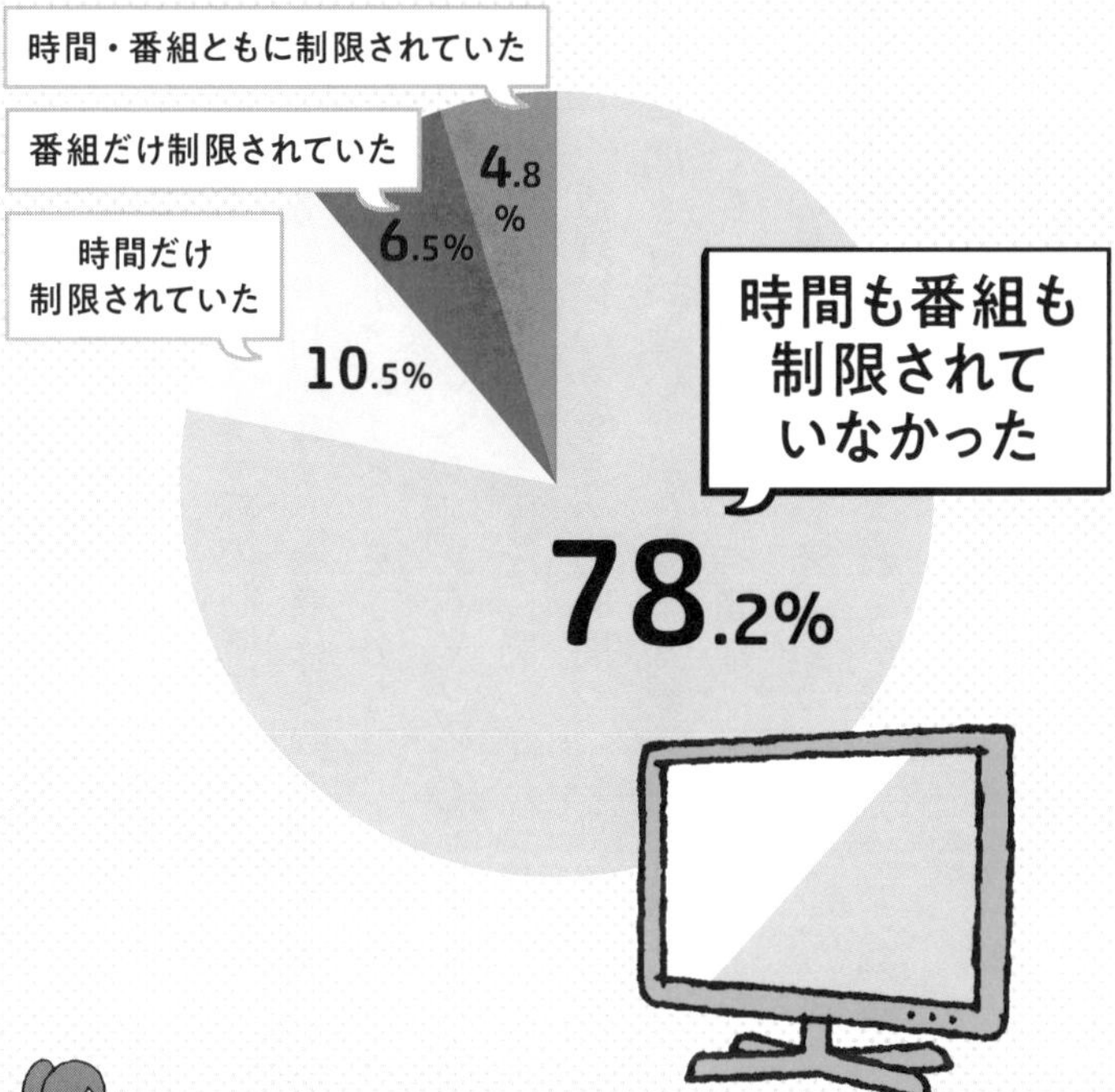

DATA

「時間も番組も制限されていなかった」派が78%と圧倒的多数!

「テレビを見る時間について制限はありましたか?」「見る番組について制限はありましたか?」の2つの質問を東大生にした結果、どちらも制限されていなかったという人が78.2%となりました。

「東大生はテレビなんて見ずに黙々と勉強しているのでは？」と想像してしまうでしょうか。アンケート結果によれば、テレビに関してはルールが細かく決められていたということは少なかったようです。ルールがあっても「1日何時間まで」とか「こういう番組は見ない」のような一部の制限で、「見てはいけない」とか「この番組しかだめ」のような厳格な規制があった家庭は少数でした。では、東大生が好き放題長時間テレビを見ていたのかというと、そうでもないようで、保護者向けの「子どもがテレビを1日どのくらい見ていたか？」というアンケートでは、「1時間程度」が最多の44%、2〜4時間以上が34%で、「ほぼ見ていなかった」という人も12%程度いることがわかりました。放課後の夕食までの時間や、夕食後の団欒の時間に見るということを考えても1時間くらいというのは妥当な長さのような気がします。明確に制限する形にしていなくても、親が見ている時間だけつけているとか、親がチャンネル権を握っているため特定の番組に偏っているということはあるでしょうし、そういった層も含めたための「時間も番組も制限されていなかった」の割合の多さであるとも言えます。

私の場合を思い出してみると、平日は「朝のバラエティ番組・報道番組」が時計がわりについており、帰宅後はＮＨＫの教育番組が夕方頃まで、という記憶があります。金曜日には『ドラえもん』を見ていましたが、それ以外はあまりテレビをつけていなかったので、その分親と話したり別の遊びをしたりすることが多かったですね。土日は朝から目覚ましがてらアニメ系の番組がついていたのと、日曜夜は『ちびまる子ちゃん』『サザエさん』と、その後の番組がついていた覚えがあります。ドラマはあまり見ておらず、アニメかニュース番組、ＮＨＫの教育系番組（たまにスポーツ中継）という感じで、１日の視聴時間はたいてい2時間程度でした。アニメや特撮ものはただ楽しくて見ていた記憶がありますが、朝のバラエティ番組では料理のレシピをメモしたり、ＮＨＫの教育番組では英語を真似てみたりと、何か新し

子どもはテレビを1日どのくらい見ていましたか?（保護者アンケート）

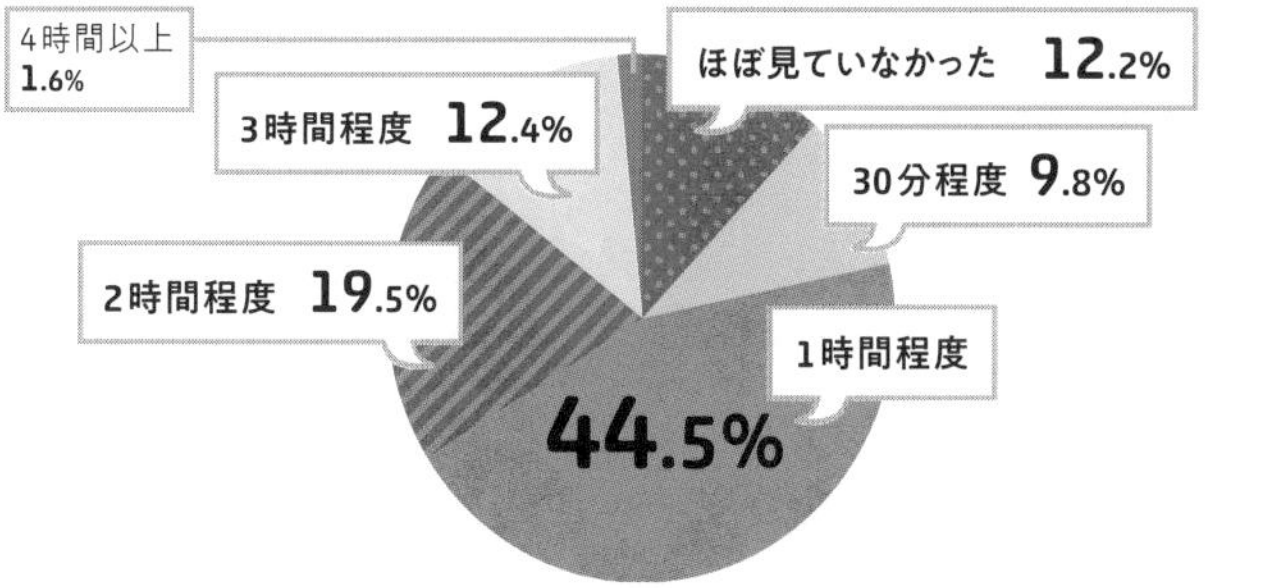

いことがあると積極的にそれをやってみようとしていた記憶があります。ほかにも、教育系の番組を見て「エンジニア」という職業を知り、そうしたものづくりの仕事を「楽しそうだな」と思ったり、日本語の教育番組『にほんごであそぼ』に出てきた歌やフレーズを覚えたりするなど、興味を広げることにも一役買っていたように思います。

テレビが視野を広げるきっかけになることも

こうしてみると、見る番組によって子どもの趣向も変わってくるようです。テレビなどの映像媒体はいろいろな情報が流れてくるため、視野を広げる入り口になりやすいのは確かです。特にＮＨＫの教育番組などはそうした子どもの視野を広げるような番組づくりがなされているため「ただつけておく」だけでも何かに興味をもつきっかけになりやすくなっています。たとえば、実際に動いている工場の映像を流しながら、物ができるまでの過程を知ったり、英語や日本語の古典など、普段あまりない音声での言語情報に触れたりすることは、映像媒体であるテレビならではのポイントだと言えるでしょう。おすすめはやはりＮＨＫの教育番組ですが、ほかにも小学生向けのマンガをもとにしたアニメなどは言葉選びなどもその年齢層に合わせてつくられているため、知っている言葉を広げることにも役に立ちますし、ニュース番組や旅番組、日本各地・世界各地の風習などを特集するバラエティ番組なども興味を広げる一端になります。大事なのは「普段目にしないこと、日常で知らないことに触れて刺激を得る」こと、それによって「興味の裾野を広げること」ですから、なるべく見る番組については制限をせず、自由に見せてあげてほしいと思います。

10歳頃に見せたいおすすめテレビ番組

NHK「Eテレ」の教育番組

- 世の中の仕組みや言葉遊び、音楽など、興味を広げる工夫がたくさんある。
- 子ども向けなので安心して見せられる。

小学生向けのアニメ

- 言葉を知るきっかけになる。

旅番組・ロケ番組

- 日本や世界の文化、知らない土地の情報に触れることで好奇心につながる。

クイズ番組

- 「頭を使うのがおもしろい」「見識が広いってすごい」と感じられる。

もしルールを決めるなら「最低限」のルールに

テレビには、子どもの視野を広げる上でのメリットがたくさん詰まっていますが、やはりどうしても「テレビを見過ぎて困る」とか「教育上良くない番組は見てほしくない」と抵抗を感じられる方もいらっしゃるかと思います。もし、悪影響が気になるのであれば、最低限のルールを決めましょう。テレビを見過ぎて宿題などの時間が削られたり、やるべきことをやらなくなってしまったりする場合にだけ「テレビはやるべき宿題を全部やった後につける」というルールを設けることで、最低限のコントロールをして子どもの興味や好奇心を制限せずにテレビのメリットを活かすことができます。

最近は、サブスクリプションの動画配信サービスを見るというご家庭も多いかもしれません。その場合もやはり、ルールの決め方は同様に「最低限」が有効です。一方、ＹｏｕＴｕｂｅの動画などは内容の質にばらつきがあり、過激なものや情報に誤りがあるものなども混在しているので、場合によっては視野を広げる目的で利用するにはふさわしくないものも含まれています。もちろん、楽しく見られる魅力的な動画もあるので、どうしても利用する場合には子ども向けのフィルタリングなどを活用したり、保護者と一緒に見るようにしたりするなど、テレビとは違う制限を設ける必要があります。

テレビなどは、あくまでルールを最低限にとどめて、得られるメリットを最大限享受してほしいです。10歳頃の好奇心旺盛な時期にテレビでいろいろなことを知って視野を広げておくことが、子どもの勉強面での探究心などにつながります。なるべく子どもに自由にテレビを見せてあげて、興味をもてるものに出会えるようにしてあげましょう。

CHAPTER 2
21
THEME

叱るときは必ず「理由」をセットで！

子どもが、決められたことややるべきことを守らず破ってしまったり、良くないことをしてしまったりしたときは、親の対応が大事です。ついつい怒って厳しく叱りつけてしまったことを後悔した、という経験や、逆にもっときちんと叱るべきだったという経験があるという方も少なくないのではないでしょうか。何でもかんでも叱りつけるのは良くないとは分かっているものの、「叱る／叱らない」の線引きはどこにあって、叱るとしたら、どのようなことに気をつければよいか、悩む人もいるはずです。今回は、東大生の保護者のアンケートをもとに「叱ること」について考えます。

Q

子どもを叱ることはありましたか?

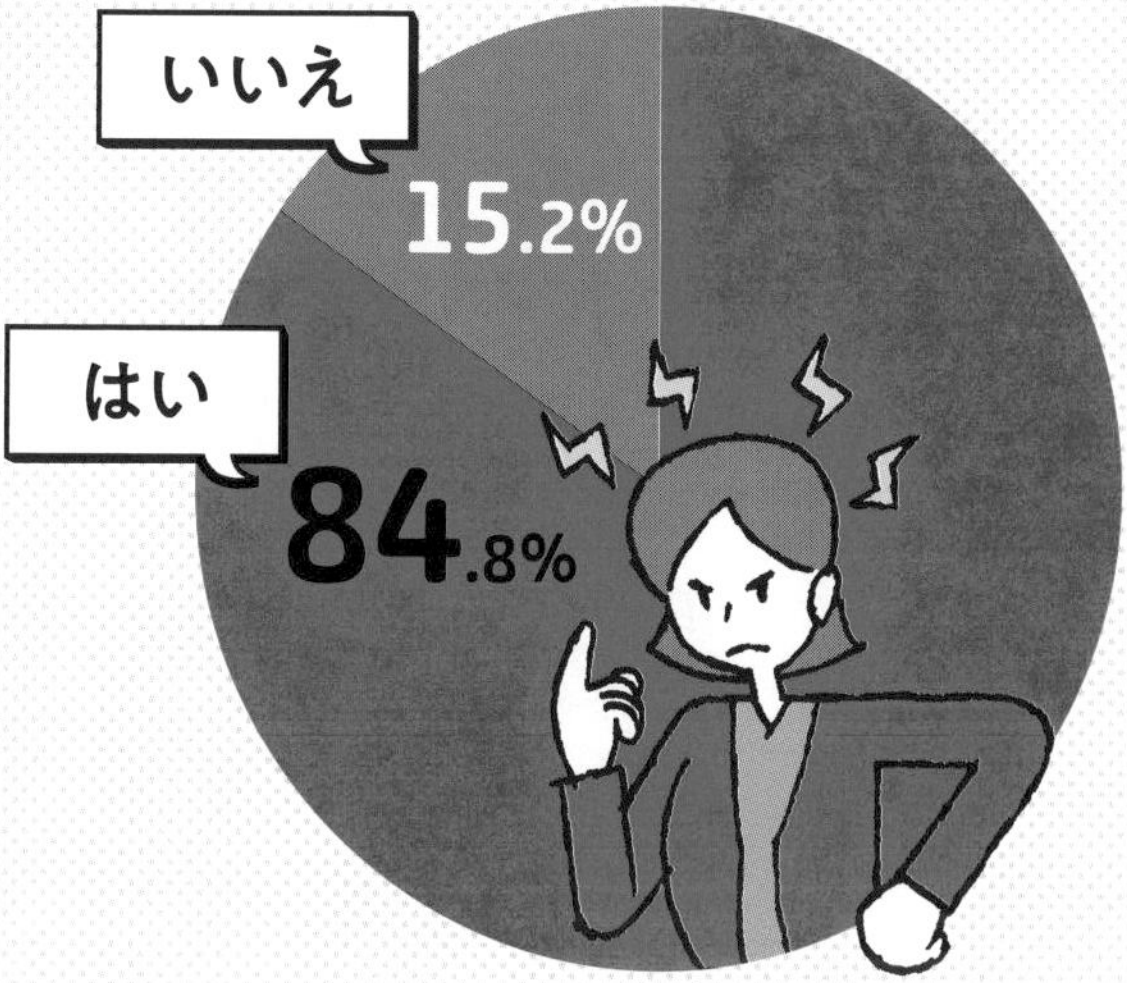

DATA

約85%が「叱っていた」と回答。叱るとき気をつけていたことはさまざま。

保護者へのアンケートでは「叱ったことがある」が84.8%で、その際に気をつけていたこととしては「感情的にならないようにした」「なぜいけないかをきちんと伝える」などさまざまな回答が挙がりました。

叱るときに気をつけるべきこととして大事なのは、「子どもの自尊感情をむやみに傷つけない」ことです。もちろん「手をあげない」「理不尽に叱らない」といったことは大前提ですが、それと同じくらい「子どもの人格を否定しない」ことが重要になります。

叱られると、どうしても「叱られるようなことをした自分はだめな人間」という気持ちが強くなってしまい、これが繰り返されてしまうと、やりたいことや興味をもったことに対しても「また叱られるんじゃないか」「自分はだめな人間だから失敗するかも」と自信をなくし、チャレンジする意欲が湧きづらくなります。たとえば何か失敗した際に「何でそんなことしたの！　無理に決まってるでしょ！」というように叱りつけてしまったりすると、「自分に新しいことはできないんだ、必ず失敗して怒られるからやめておこう」となってしまいます。子どもの頃は何かをして失敗するのは当たり前です。本来であれば、挑戦をむしろ褒めてあげるべきで、こうした形で萎縮させてしまうのは何としても避けなければなりません。

また、子どもが何かを手伝ってくれたとき、その拙いやり方や危なっかしい取り組み方に対して、ついつい叱ってしまうこともあると思いますが、ただ叱られるだけだと「自分は親に信頼されていないんだ」と感じてしまうこともあります。「親から信頼されていない」という感情は自尊感情を大きく下げることにつながるので、極力避けてください。

子どもを叱るときに気をつけていたことは?

CHECK!

叱る内容は、マナーや道徳に関すること。

なぜ叱るのかを説明しながら叱りました。

感情的にならないようにとは思っていましたが、できなくて反省したことも多々あります。

子どもの人格や自尊心を傷つけない。

挑戦して失敗したことは叱らない

では、なるべく自尊感情を損なわないようにして叱るためにはどうすればいいのでしょうか。基本的に叱る回数は少ないほうがよく、叱るべきでない状況では「教える」形にとどめるようにすることが肝要です。この「叱るべきでない状況」にはいくつかありますが、特に注意すべきなのは「子どもが良かれと思ってやったこと」と「子どもが失敗してしまったこと」の二つです。

子どもが良かれと思ってやったこと、たとえば「皿洗いを手伝ってみたけど、ちゃんと乾いていなかったり片づけ方が危なっかしかったりする」とか「洗濯物を取り込んでくれたけど、たたみ方が悪くてしわになってしまう」など、子どもとしては親を手伝うつもりであったり良いことだと思っていたりする場合が挙げられます。こうしたとき、親からすると内心「手間が増えるから余計なことをしないで！」と思ってしまいがちです。ただ、それを口に出してしまうと「褒められると思ったからやったのに、それどころか叱られてしまった」とショックを受けたり、「何も任せてもらえないし、信用されていないんだ……」と自信を喪失してしまったりすることにつながります。つい口出ししたくなる気持ちもわかりますが、気をつけるべきことは「必ず最初に感謝など肯定的なことから切り出すこと」と「改善してほしいことを必ず理由と合わせて伝えること」です。まずは子どもの気持ちをくみ取ってあげることが、子どもに安心感を与え、自尊心を傷つけずに済む秘訣です。

子どもが何か失敗してしまったことも同様です。手伝いの中で皿を割ってしまったり、おつかいで違うものを買ってきてしまったりした場合など、子どもは挑戦してみようという気持ちと褒めてもらいたいという気持ちで取り組んでいるので、反対にミスをして叱られると落ち込んでしまいます。そもそも失敗は本人がいちばんショックを受けていますから、「反省させるために叱る」という必要はないのです。失敗してしまった罪悪感はすでに抱えていますから、その気持ちを気遣いながら、「誰でも失敗する」「次はこうすれば失敗しない」

叱る必要がない場面

ということを伝えましょう。また、子どもの目線で考えてどうすれば成功するか一緒に考えてみるのもいいですね。

叱るべきでないシチュエーション

子どもが良かれと思ってやったこと

→叱られると信頼されていないと感じてしまう。
→叱るのではなく「感謝」と「より良いやり方と理由」を教える。
㊀子どもが食器洗いをしたが、しまう場所や乾かし方が普段と違いきちんと片づけられていない。

「洗ってくれたの、ありがとう！　濡れたまましまうとばい菌が増えてしまうから、ちゃんと乾かすといいよ。しまうときはこうすればぴったり崩れないように並べられるよ。」

子どもが失敗してしまったこと

→子ども自身も「失敗」と分かっている。叱られ続けると自信をなくし、チャレンジできなくなってしまう。
→子どもの心情を気遣うことを第一にして、改善策を伝える。
㊀料理を手伝おうとして卵をすべて割ってしまった場合

「また買えばいいから気にしなくていいよ。私（親）もたくさん割ったことあるから。卵は割れやすいから、使うときは落ち着いて気をつけないといけないね。」

叱るときには理由を伝える

ただし、「叱るべき」シチュエーションもあります。一つは、火や刃物の使い方などの危険なこと、命に関わる場合です（ほかの人を傷つけたりする場合ももちろん同様です）。叱ることで事の重大さを知ってもらうことも必要なことです。そのあとに必ず「なぜいけないのか」をあわせて説明してあげましょう。

叱るべきシチュエーションとしてもう一つ挙げられるのが、「決まりを守らなかったとき」です。社会におけるルールを守らないときはもちろん、家庭内で決めたルールを破ったときについても同様です。これも「程度」によって「教えること」と「叱ること」を使い分ける必要はあります。

基本的に強く叱るべきなのは「子どもにとって危険な場合」と「他者に迷惑をかけるとき」です。こうした場合も「なぜ危ないのか」「なぜいけないことなのか」という理由を添えて叱るようにします。

一方、危険ではなかったり、他人に迷惑がかからなかったりする場合は、破っても叱るよりも「教えること」に重点を置くとよいでしょう。「決められたルールを守ること」の重要性を教えること、なぜそのルールを決めたのかという理由を再確認して、子どもに「教える」ことが必要です。こうやって子どもと対話していく中で「なぜこのルールがあるのか」ということを絶えず確認することが大事で、場合によっては対話の中で「このルールはもう必要はない」となれば、思いきってなくしてしまう臨機応変さも重要です。

「子どもを叱る」という場面は家庭ではごく当たり前にあることですが、このように「叱る」場面と「教える」場面を使い分けることをぜひ意識してみてください。

叱るべきシチュエーション

危険なことをしている場合

㊟急に歩道に飛び出す。
→その場では何事もなかったとしても、交通事故の危険があり、最悪の事態も考えられるので、そのことをきちんと話す。

他人に迷惑をかけている場合

㊟友達に怪我をさせて謝っていない。
→誰かを怪我させることは危ないこと、場合によっては罪に問われることもあることだということをしっかり話す。

※ルールを破ったというような場合も、他人への迷惑、社会でのマナーなどと照らし合わせて「叱る」ことと「教える」ことを使い分ける。

Creating Self-Motivated Learners : How to Develop Your Self-Confidence and Broaden Your Horizon

CHAPTER 2

22

THEME

やりたくないことも「理由」と「手本」があれば向き合える

ここまで「ルールを決めること」「叱り方」などについて、考えてきました。ここからは、「やりたくないけど、やらなければならないこと」に向き合わせるコツをお伝えしていきたいと思います。

挨拶やマナー、身のまわりの片づけなど、やりたいわけではないがやるべきことはたくさんあります。そういったことを子どもがしっかりできるように導くことで、他者との信頼関係や自律心が育つのはもちろん、つらい勉強に取り組む際にもしっかり向き合えるようになります。東大生の保護者がどのようにして子どもをやりたくないことに向き合わせていたのか、アンケート結果から見ていきましょう。

Q

子どもを「やりたがらないけどやらないといけないこと」に向き合わせるためにどうしていましたか?

- □ 基本的には放置でしたが、時には叱ってやらせていました。
- □ できないときは、きつく叱るなど厳しく接しました。
- □ ご褒美を与えた。
- □ 根気よく言って聞かせ、やって見せられるものはやって見せた。
- □ 片づけなど一緒にやっていました。
- □ 挨拶、マナーは親が手本になる。(幼少期から) 親が「するべき事」と思っている事は、子どもにも身につきやすいのでは。なぜしなければならないのか、親がよく理解していると説明しやすい。

DATA

「叱る」派と「褒める」派に分かれる結果に！

保護者へのアンケートでは「できなかったときに厳しく接する」派と「できたときに褒める」派に分かれました。ほかにも「親が手本になる」「なぜ必要か説明する」といった意見が多いようです。

そもそも「やりたがらないけどやらないといけないこと」を小学生の時期にできるようになることがどのくらい重要なのでしょうか。

「やらないといけないこと」は基本的に、「挨拶をする」「お礼を言う」といった生活のマナーに類するものと、「宿題をやる」「ご飯を食べたら食器を片づける」といった決まりごとやルールに類するものの二つに分けられます。これらは、人との信頼関係をしっかり築く上で、非常に重要なものです。そして、「やらないといけないこと」に向き合わせることで、「今はやりたくないと思えるようなことでも、将来役に立つことであればこつこつ継続する」という忍耐力を身につけられます。そして、それはそのまま、将来の受験勉強をやりぬく力につながるのです。

「やりたがらないけどやらないといけないこと」とは

マナー

- 挨拶をする
- お礼を言う

約束やルール

- 帰ってきたら宿題をやる
- 使った食器を片づける

それでは、こうした「やらないといけないこと」にどうやって向き合わせるのがよいのでしょうか。10歳頃の時期ははっきりと自己主張をする子もいますから、むやみに言い聞かせたり怒鳴ったりしても、なかなか言うことを聞いてくれません。むしろ、逆効果になってしまうことも多いでしょう。ここで大事なことは「なぜやるべきかの理由をしっかり話す」ことと「親がしっかり手本を示す」ことです。子どもにとって、明確な理由がないものは「ただ面倒なだけ」なことと感じてしまいます。そう感じさせないために、「何かしてもらったらお礼を言うことで相手の人も良い気持ちになれる」「宿題を先にしておくことは約束したことだから、約束を守らないと信じてもらえなくなるよ」といった「なぜやるべきか」という理由を伝えることが大切です。

また、親が実行していないことを言い聞かせても、子どもは納得できません。私の場合は、母を見て「知っている人に会ったときは挨拶するのが当然なんだ」と自然に受け止めることができました。いちばん身近な大人の所作を見て子どもは習慣を身につけていくので、親が率先して実行することが重要です。

「怒られるからやる」では逆効果

そもそも10歳ともなると、親の言うことを素直に聞くのは難しい年頃に差しかかっていますから、くれぐれも「どうしてやらないの！」とか「やるまで〇〇禁止！」のように強制することは避けましょう。もちろん、こうした強い言い方でその場はしっかりやるようになる子どももいますが、毎回こうしたことが続くと「また怒られる」と萎縮してしまい、成長してからも「怒られるからやる」、逆に言えば「怒られなければやらない」といった状態になりかねません。

これは私が塾で指導していて気づいたことですが、勉強をしているときに「どうして〇〇の答えを選んだか説明できる？」と尋ねただけで、萎縮して答えられなかったり、人によっては答えを変

親がお手本

子どもは親の振る舞いをよく見ている
子どもに身につけてほしいマナーは親が率先して行う

えてしまったりすることさえあります。これは子どもの頃に親に怒られ続けたことで、自分の行動に自信がもてないために起こってしまう弊害だと考えられます。感情的に言ったり怒ったりしても解決しないので、穏やかに「なぜ大事か」「なぜ今やるべきか」という理由を話すこと、その都度しっかりそれを納得させること、そして親が実践している姿を見せることが大切です。こうした小さいことの積み重ねによって、子どもがやるべきことを理解し、強制されなくても自ら取り組めるようになります。時間をかけて取り組ませていくことを意識しましょう。

CHAPTER 2
23
THEME

早寝早起きは鉄則！9時間は寝て、規則正しい生活を

ここからは、より具体的な「生活習慣」をピックアップして、勉強につながるヒントを探っていくことにしましょう。まずは「睡眠」についてです。「寝る子は育つ」とはよく言いますが、東大生の睡眠時間はどうなのか気になるところです。私の場合は22時位には寝て、7時半とか8時頃に起床していた記憶があります。小学校が歩いて3分で着く距離だったのでギリギリまで寝ていられたのですが、その分休みの日などは父の仕事を覗いて遅くまで起きているなど、なかなか「寝たがらない」小学生でもありました。今回は東大生の10歳の頃の「睡眠時間」と、それが勉強などに及ぼす影響を見ていくことにします。

Q 子どもは10歳頃何時に起床していましたか?

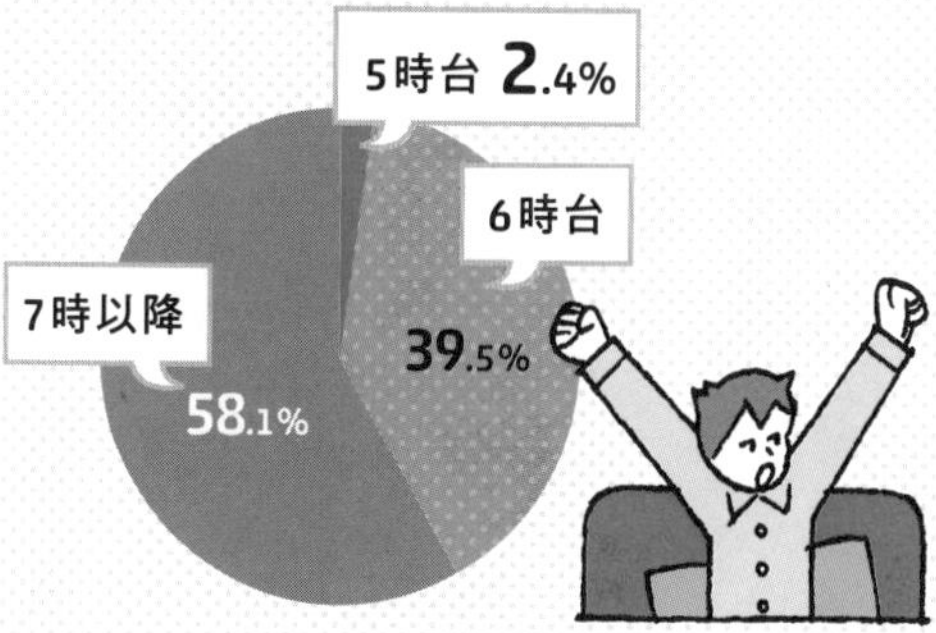

Q 子どもは10歳頃何時に就寝していましたか?

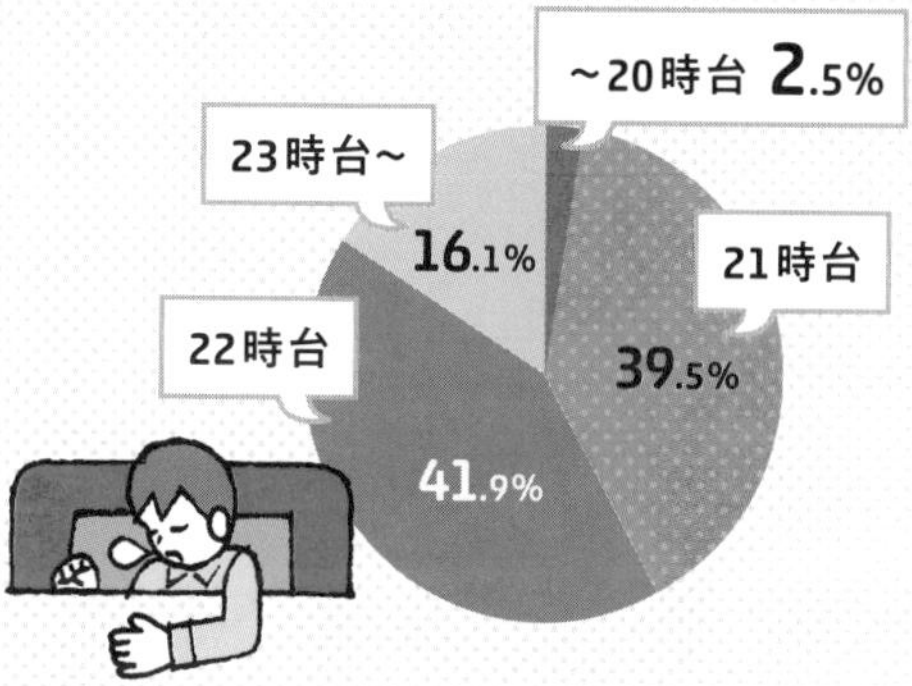

「21~22時就寝」「7時以降起床」が最多。平均睡眠時間は8.8時間という結果に!

保護者へのアンケートでは「7時以降」の起床が58.1%、「22時台」の就寝が41.9%でそれぞれ最多でした。平均の睡眠時間は8.8時間程度という結果になりました。

「勉強ができる子は早く寝て早く起きている」と言われたり、逆に「塾に通うことで寝る時間が遅くなってしまう」とも言われます。実際のところ、保護者のアンケートの結果では、多くが「21時台～22時台の就寝」という結果になり、これは全国の小学生のデータにも近い結果となりました（学研小学生白書２０１９年夏版によれば、小学4年生の平均就寝時間は21時57分）。今回の保護者のアンケートでは「22時台就寝／7時台起床」という組み合わせで平均睡眠時間が9時間、というケースがいちばん多くなりましたが、23時台以降に就寝する、と答えているのが全国のアンケートでは3%程度なのに対し、今回の保護者へのアンケートでは16%と大きく上回っていることから、塾で帰宅時間が遅くなり、その分就寝時間が遅くなってしまうことが多いようです。

ほかに「家族の生活リズム」も睡眠時間を削る要因になります。私の妹は小学3年生頃、高校生の私が塾から帰宅する23時頃まで起きているといった生活リズムになっていました。日によっては日をまたいでも起きていることもあり、自分が小学生の時にそんな睡眠時間だったら耐えられなかっただろうな……と思っていたのですが、案の定、昼間授業中に眠くなってしまっていたそうです。このように年齢の離れた兄弟がいたり家族が夜型の生活であったりすると、どうしても1日の生活リズムが夜型になりがちで、睡眠時間も短くなってしまいます。小学生の登校時間はだいたい決まっていますから、寝る時間が遅くなれば必然的に睡眠時間が短くなることを意味します。

10歳頃の睡眠時間の目安は、一般に8〜9時間ほどだと言われています。これを下回るとテストの成績が下がる、イライラが増えるなどの悪影響が出るとする論文もあります。睡眠時間が短くなることで集中力が持続せず、加えて理解力・記憶力の低下を招きます。それだけではありません。睡眠によって「対連合記憶（キーワードや図形などを対にして覚える記憶）」や「運動記憶（体の動作に関わる記憶）」が増強されることは古くから研究されていますし、最近の東大の研究では「その日の記憶を整理し、脳の容量を調整している」ことが睡眠の役割の一つであるという仮説も出ています。このように、睡眠時間

東大生に聞いた「10歳頃の睡眠時間」

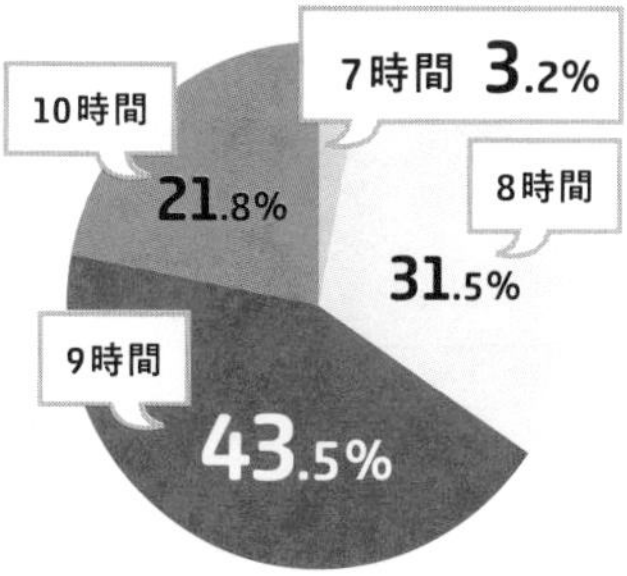

を確保することは、子どもにとってきわめて優先度が高いと言えます。

睡眠不足が引き起こす影響（特に小学生）

学業面

- 日中の授業で眠くなり授業に集中できない
- 対連合記憶・運動記憶の増強が不十分になる
- 記憶の整理ができず記憶が定着しない

日常生活

- イライラが増える

なるべく同じリズムで生活する

どうしても勉強がからむと、塾通いで帰宅が遅くなるなど、生活リズムが不安定になることがあります。その際に重要なのは「寝る時間や起きる時間を決めておき、それに合わせて生活を整えていく」ことです。たとえば、22時に就寝し、7時に

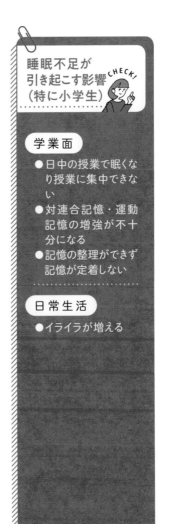

起きて9時間の睡眠を取るような生活リズムを決めておき、平日・休日ともにそのスケジュールで生活できるよう、調整していくのです。21時頃まで塾がある場合は、塾が終わったらすぐに帰宅して入浴・就寝ができるよう、食事は塾の前に済ませておくなどが有効でしょう。両親が夜遅くまで働いていて、塾前に夕食を済ませることが難しい場合は、夕食の時間を別々にするなどの選択肢を含めて検討する必要があるかもしれません。その場合は夕食が家族ばらばらになってしまう分、朝食の時間に団らんの時間をつくることもできます。仕事の都合で生活リズムが子どもと合わないのは仕方ないことではありますが、大切な時期の生活リズムを整えるためには家族での協力が肝心になります。一度、1日の生活リズムについて家族で話し合ってもよいでしょう。

また、「休みの日は起きるのが遅くなってしまう」子どももいますが、生活のリズムを整えるためには「平日・休日に関わらず同じリズムで生活する」ということが重要になります。たとえば、日曜朝のテレビ番組で早起きを促したり、朝にしかできないことを親が一緒にやろうと促したりすることもおすすめです。私の場合は日曜の朝に、当時、朝7時半から放映されていた戦隊モノと、その次の仮面ライダーを見るためにきちんと起きていました（父親もそれを見るために一緒に起きていました）し、近所のテニス教室に通っていた時期もありました。「朝9時まではゲームをしてよい」のように楽しみを朝のルールにするのもよいかもしれません。学校が休みである分、起きる動機づけをしておくことで、決まった時間に起きる習慣をつけやすくなります。

1日のスケジュール例

平日

7:00	起床・朝食
7:30	登校
8:00	学校
15:30	下校
16:00	帰宅・学校の宿題をする
17:00	夕食
18:30	塾
21:30	帰宅・入浴
22:00	就寝

休日

7:00	起床
7:30	テレビを見る（朝のアニメなど）
8:30	朝食（家族で）
10:00	塾の宿題などをやる
12:00	昼食
13:00	自由時間
18:00	夕食
19:30	入浴など
20:30	自由時間
21:30	就寝

Creating Self-Motivated Learners : How to Develop Your Self-Confidence and Broaden Your Horizon

CHAPTER 2
24
THEME

勉強の場は「整頓」、遊び場は「雑然」！

勉強に関わる生活習慣について、THEME11では「主にどこで勉強していたか？」という項目を取りあげました。そこでは東大生の多くがリビングで勉強をしていたという結果が得られましたが、もう一つ気になるのが「勉強机はきれいに片づけられていたのか？」ということではないでしょうか。なかなか子どもが片づけをしなくて困っている方も多いはずですし、もしかしたら勉強机が汚いから仕方なくリビングで勉強している、ということもあるかもしれません。東大生が勉強していた机はきれいだったのか？　そもそもきれいにすべきなのか？　アンケートから見ていきましょう。

Q

子どもの机はきれいでしたか?

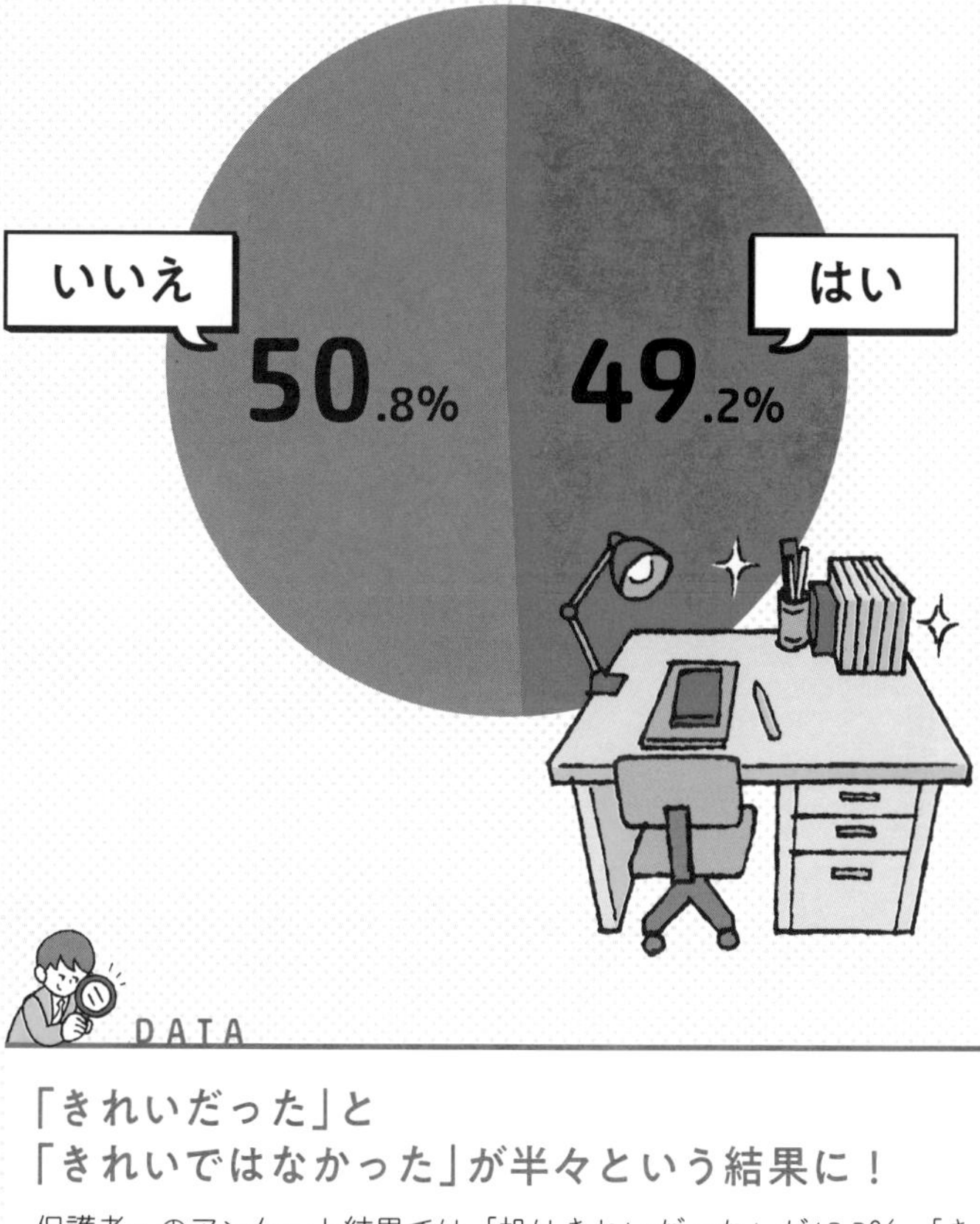

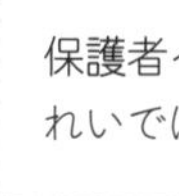

DATA

「きれいだった」と「きれいではなかった」が半々という結果に！

保護者へのアンケート結果では「机はきれいだった」が49.2%、「きれいではなかった」が50.8%と両者拮抗した結果になりました。

「子どもの机はきれいでしたか？」という質問で東大生の保護者にアンケートをとりました。この場合の机は、勉強机だけでなくリビング学習をするときのテーブルも対象にしました。きれいだったかどうか半分半分という結果でしたが、机をどういう目的で使っているのかという点から違いを探っていきましょう。

「机の上の散らかり具合」については、いくつか面白い研究があります。「勉強するための机」は「机の上がきれいで物がないほうが勉強に集中できる」というイメージがありますよね。実際にいくつかの研究では「作業スペースが整頓されている／物が少ない環境にあるほうが、集中力は高まり生産性が上がる」と言われています。人間はほとんどの情報を視覚から手に入れるため、目に入るものが多いとそれだけ注意を奪われてしまいます。いろいろなものに興味をもつ10歳頃であれば、なおさら机の上に物がたくさんあると気が散ってしまいます。勉強をしている間はなるべく集中できるように机を整頓しておくことが必要でしょう。普段リビングで勉強しているのであれば、リビングのテーブルの上にはなるべく何もおかず、勉強に必要な参考書と鉛筆、消しゴムや定規などだけを置くことが重要です。小学生は筆箱もいじってしまうことがありますから、家での勉強に必要な文具だけを準備しておき、学校で使う筆箱とは分けて使うようにするとよいでしょう。

一方、「散らかっている環境のほうがよい」とするアドバイスもあります。これは、「創造力」に関することで、たとえば、ミネソタ大学の2013年の研究では、「机が散らかっていたほうが創造性(クリエイティビティ)が高まる」という結果が出ています。

実際、アップル創業者のスティーブ・ジョブスや物理学者のアインシュタイン、フェイスブック創業者のマーク・ザッカーバーグなど、名だたる起業家や研究者は「机の上が散らかっていた」ということで有名で、机の上にはさまざまなものが積み上がったままになっていたそうです。アニメやマンガなどに登場する「科学者」の雑然とした机のイメージそのままですね。机が散らかっている人のほうが積極的にリスクを取り、新しいことに気づき、慣習にとら

われず新しいことに挑戦していたというのです。たしかに、以前読んだ本や興味をもったものをそのまま置いておくと、それらがきっかけになって新しいことが思い浮かぶことにつながりそうです。ごちゃごちゃした中からこそ新しい気づきや発見が生まれるのでしょう。

「整頓」と「雑然」を使い分ける

10歳頃の子どもにとって重要なのは、いかにこの「整頓された空間」と「散らかった空間」を使い分けるかでしょう。普段勉強する空間が散らかっていては勉強の効率が下がってしまいますし、いくら「散らかった空間」がよいとはいってもゴミが散乱していたりする空間では効率以前の問題が生じてきます。原則として、「勉強する場所は整頓する」「遊ぶ場所はある程度散らかっていてもＯＫ」という線引きが必須となるでしょう。

普段、勉強している机の上は整頓するようにします。具体的には「勉強で使うもの以外はしまう」「文具も最低限のものだけ出して、筆箱はしまう」「家で使う専用の鉛筆や消しゴムを用意しておく」などです。リビングで勉強するのであれば、普段勉強するものを入れておく箱などを用意しておいて整頓しやすくするのもよいでしょう。

そして、遊ぶ場所はあえて散らかしたままにします。散らかしていると、ついつい「使っていないものは片づけなさい」と言ってしまいがちですが、せめて一通り遊び終えるまでは「散らかしたまま」にしておきましょう。これによって「そういえばさっき見ていた図鑑にこんなことが載ってたな」とか「さっき遊んでいたゲームのヒントが思い浮かんだからそっちをやろう」とか、いろいろなものを並行して考える力や、異なる複数のものを組み合わせて創造する力を養うことにつながります。遊び用のスペースを決めることができれば、そこを常時散らかしておいてもいいですが、スペースを確保するのは難しければ、「遊んでいる間は散らかしたままにする」というルールにしてあげるようにしましょう。リビングの場合は生活する場所でもありますから「夕食前には必ず片づける」などのルールを決めておくことは忘れないようにしましょう。これによって適度に「散らかった空間」を保つことができます。

「整頓」と「雑然」を使い分けるテクニック

CHECK!

整頓された空間＝勉強する場所

・目の前の勉強だけに集中できる

1. 勉強する場所を決めておく
2. 文具は必要なものだけ出すか、家で使う文具として準備しておく
3. 勉強するものを入れる箱を作って整頓

雑然と散らかった空間＝遊ぶ場所

・興味を広げたり創造力を広げたりするきっかけになる

1. 遊んでいる間は使っていないものでも「片づけなさい」と言わず、散らかしたままにする
2. 「夕飯前」など区切りのいいタイミングだけ片づけ
3. 「遊ぶ場所」として常時散らかしっぱなしにするスペースをつくってもよい

Creating Self-Motivated Learners : How to Develop Your Self-Confidence and Broaden Your Horizon

CHAPTER 2
25
THEME

朝食は必ずとる！エネルギー不足は最大の敵

家庭での生活習慣では、「朝食」についても気になるところです。小学校では「朝ご飯は必ず食べてこようね！」と指導をされるため、「なるべく朝食をとらせよう」と意識されているご家庭が多いのではないでしょうか。とはいえ、朝はバタバタで忙しいから、なかなかきちんとしたものは出してあげられない……というご家庭も多いはずです。毎日きちんと食べてほしいとはいえ、何品出してあげればいいのか？　多ければよいのか？　米なのかパンなのか？　子どもが嫌がる場合はどうするの？　などなど、悩みのタネがつきない「朝食」について、アンケートを見ていきましょう。

Q 朝食は毎日食べていましたか?

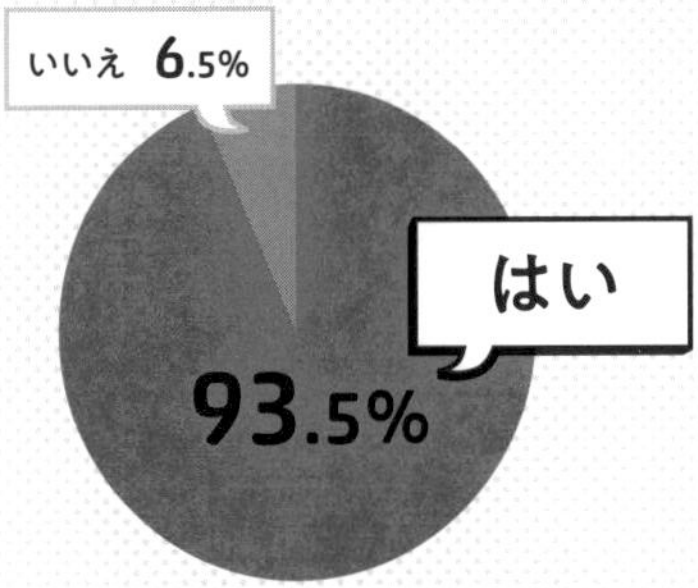

Q 「毎日食べていた」人の「主食」

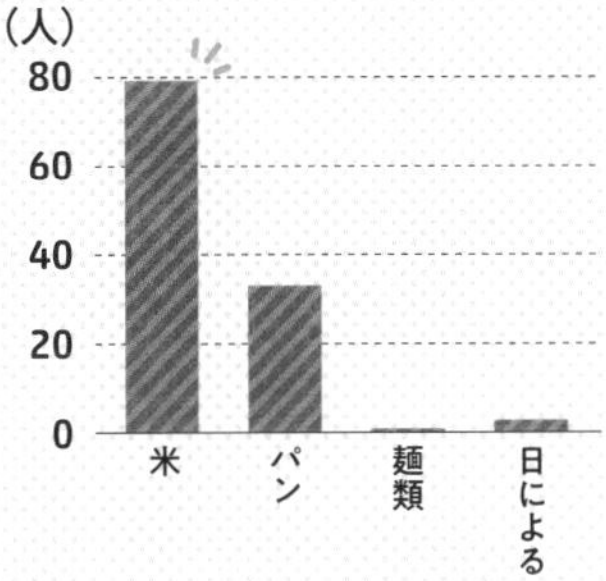

約94%が「毎日朝食」をとっていたという結果に! そのうち7割は「米食」。

東大生へのアンケートでは朝食を「毎日食べていた」という人が93.5%と多数を占めました。主食は「米」が「パン」の2倍以上の回答でした。

ほとんどの東大生が朝食を「毎日食べていた」という結果になりました。国立教育政策研究所の調査では、朝食を「毎日食べる」と答えた児童（小学6年生）が85％程度（2018年）にとどまっています。アンケートではこれよりも高い数値が出た結果となりました。文部科学省のまとめによれば「朝食を毎日食べている」と答えた生徒のほうが、全体での学力テストの点数も良い傾向にありますし、朝食を抜くことで学習意欲の低下や倦怠感、肥満の一因になるという研究もあります。私の場合は、日によって「ご飯とふりかけだけ」「ご飯と納豆だけ」ということもありましたが、毎朝何かしらは食べて学校に行っていましたし、休みの日もきちんと朝食はとっていました。それでは、朝食をとるメリットに加えて、品目や主食まで気にすべきなのかという疑問に触れつつ、忙しい場合の対処法などにも触れてい

朝食摂取と学力調査の平均正答率との関係

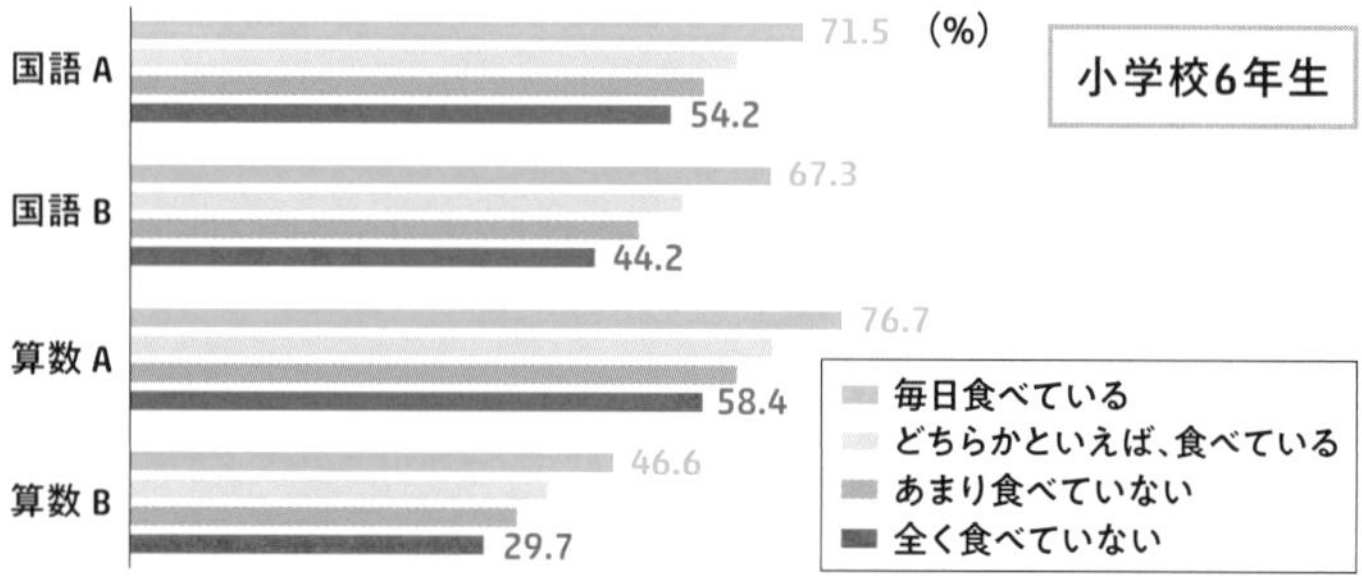

【出典】文部科学省「全国学力・学習状況調査」平成27（2015）年度

くことにします。

朝食のいちばん大きな役割は、「午前中のエネルギーを補給する」ことにあります。学校がある日はなおさら、しっかり朝食をとっておかないと頭がボーッとしてしまったりします。朝食を抜くことで、じつに15時間以上エネルギーの補給がない状態で過ごすことになります。エネルギー切れを起こし、無気力になってしまい、学校で身につけるべき勉強に身が入らないことにもつながるので、注意が必要です。

また、朝食をとることによって体温を高める効果もあります。寝ている間の体温は低くなっているので、そのままだと体が活動モードに切り替わらなかったり、ずっと眠いような感覚に襲われたりします。体温をしっかり上げるためにも、朝食を

朝食摂取と学力調査の平均正答率との関係

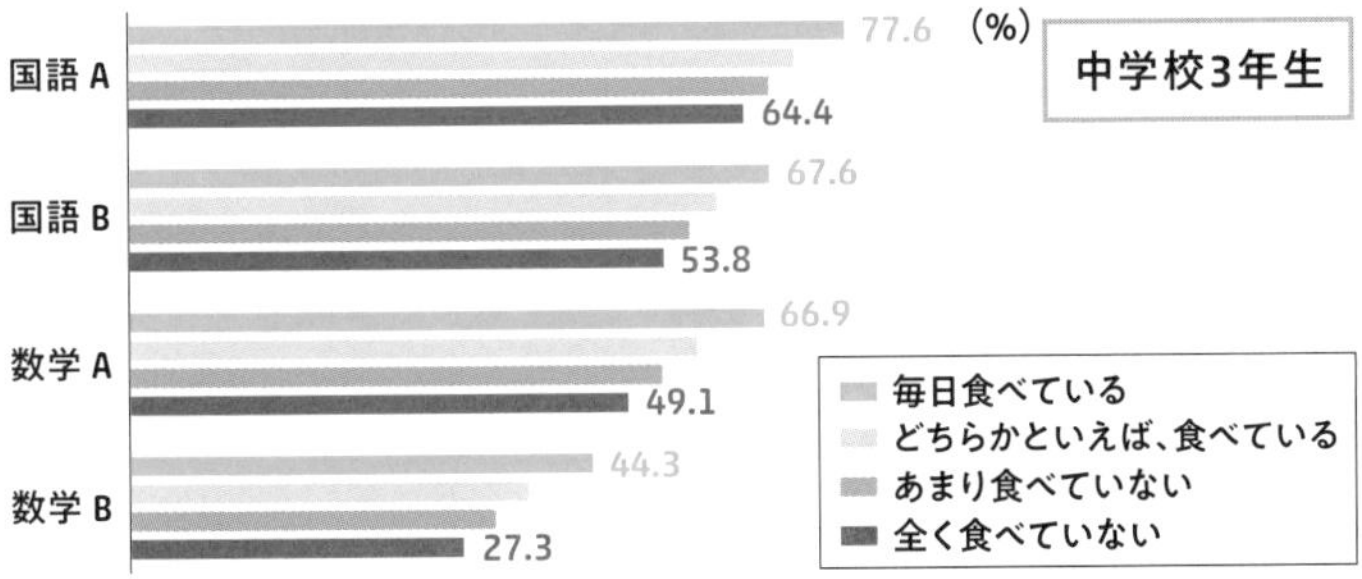

【出典】文部科学省「全国学力・学習状況調査」平成27(2015)年度

とることが重要なのです。

「朝食を食べるべき」というのはもはや揺るぎないことですが、そうなると悩むのがメニューですよね。ベネッセの全国向け調査では「ご飯派」「パン派」が同じくらいの割合ですが、東大生のアンケートでは「ご飯派」がパン派の2.5倍と圧倒的に多い回答でした。じつは、この違いが勉強に関係している可能性があるのです。

よく言われるのは、「米のほうが粒が大きく消化がゆっくりになるため、腹持ちもよく血糖値の上昇もゆっくりとしている」といったことです。さらに、ご飯のほうがおかずの品目を増やしやすいということもあります。品目が多いとそれだけ栄養のバランスもとれますし、「ご飯だけ」「パンだけ」でエネルギーをとるよりも、エネルギーを活かしやすくなると

東大生に聞いた「朝食を毎日食べていた人の主食」

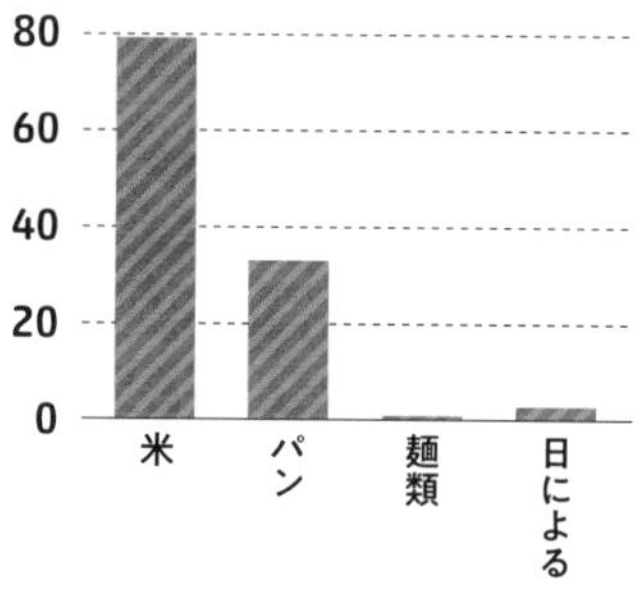

いう研究があります。

朝食の品目数について東大生にとったアンケートでは、主食が「ご飯」の場合は平均約2.9品、「パン」の場合は約2.3品という結果(「5品以上」を5品としてカウント)で、やはり少しだけご飯の場合のほうが品数が多くなっています。ご飯が主食であれば「夕飯の残り」をおかずとして出しやすく品目を増やすのが楽になるのです。食べさせたい野菜は味噌汁に入れてしまえばいいですし、納豆や豆腐など手軽に食卓に出せるおかずもあります。私の場合は父親や兄弟のお弁当のおかずを多めに作って、それらが食卓に出されていました。

平日の朝食の主食(小学1～6年生)

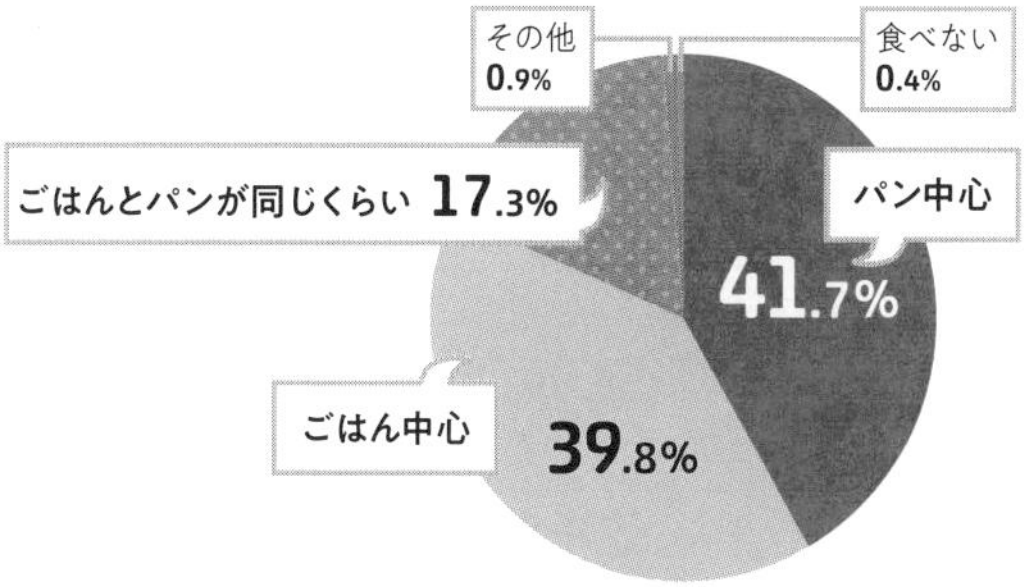

【出典】ベネッセコーポレーション/進研ゼミ小学講座

少なくとも炭水化物はとる。さらにプラスワンを実践

「朝は忙しくて朝食に時間をかけたくない」という方も多いはずです。そのような場合、まずは「何かは食べて学校に行く」ことを徹底しましょう。「シリアル」「ヨーグルト」「フルーツ」などでも何も食べないよりはよいのですが、1品だけ出すとしたら、いちばんのエネルギー源になるご飯やパンなどの炭水化物をとれるようにしてあげましょう。

忙しい朝に品数を増やすのは難しいことではありますが、極力手間をかけずに品目数を増やすこともできます。ご飯の場合は前の日に炊いておけばよいですし、米とぎや炊飯器へのセットを子どもにやってもらってもよいでしょう。私の家庭では毎日ご飯と納豆のセットで、お味噌汁は余裕があるときだけ、

東大生に聞いた「米が主食の場合の品目数」（平均：2.87品）

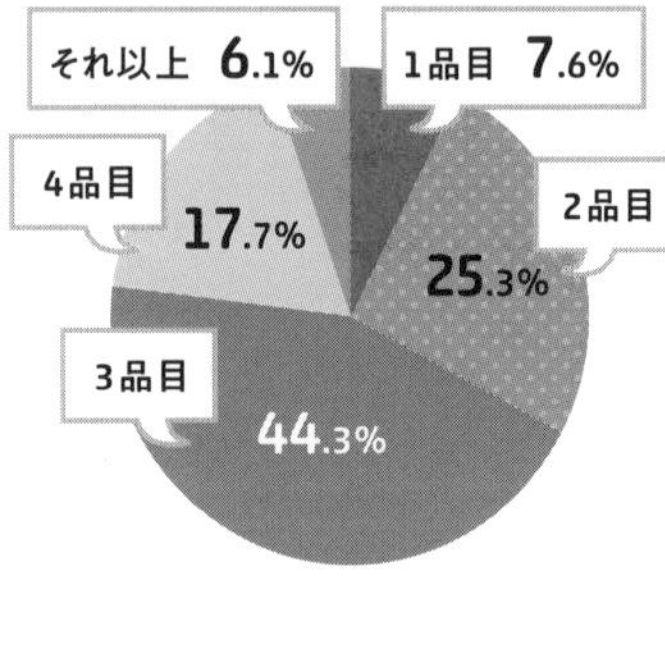

週に1、2回程度であった気がします。納豆は好き嫌いが分かれますが、おかずとしては準備しやすいですね。お味噌汁は、インスタントでもよいのです。家族にお弁当を作っているのであれば、卵焼きなどお弁当に入れるおかずを少し多めに作ったり、冷凍食品でも一つ多めに温めるだけで立派なおかずになります。できる範囲で「プラス1品」を実践してみましょう。

パン食の場合、もう一品として追加しやすいのはヨーグルトや果物、ソーセージやゆで卵などでしょう。これらは、手軽に炭水化物以外の栄養素をとるための「プラス1品」になります。

「栄養バランスの良い朝食にしよう」とすると、どうしてもハードルが高く感じてしまい、「一つでも別の栄養素がとれればよい」くらいの意識で朝食の準備をするとよいかもしれません。ほかの栄

東大生に聞いた「パンが主食の場合の品目数」(平均:2.33品)

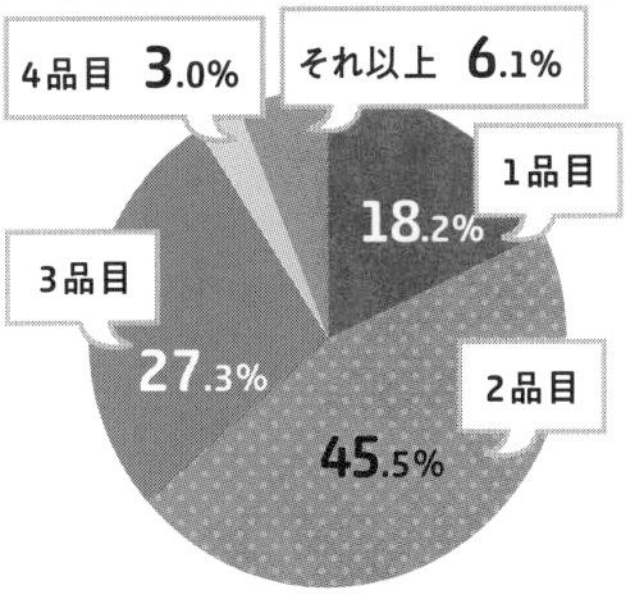

養素は1日の食事トータルでバランスがとれれば問題ありませんし、小学生であれば給食でバランスがとれますから、過度に心配して準備に気を遣い過ぎるよりも「毎日簡単でもよいので続けてあげる」ことを重視しましょう。

子どもが朝食を食べたがらないという場合はなかなか難しいかもしれませんが、「食べないから出さない」ではいつまで経っても食べるようにはなりません。粘り強く出してあげて、朝の生活習慣を見直してあげることが必要になります。「朝食は食べるもの」という意識をしっかりもたせること、そして少量であっても何かは食べてから学校に送り出すことを徹底してください。汁物を合わせるだけでもぐっと食べやすくなりますので、試してみてください。

朝食は親にとってもあまり時間や手間をかけられないはずですから、頑張り過ぎるのではなく、なるべく「手を抜いて」習慣化できるように工夫していくことが必要ですね。

朝食の
習慣化のコツ

米食の場合

・米は前の日に炊いておくか晩ご飯の残りを温める。
・簡単なおかず（納豆、豆腐など）でよい。
・お味噌汁も手抜きでよいし、なくてもよい。

パン食の場合

・簡単なおかず（ソーセージ、ゆで卵、ヨーグルトなど）でよい。
・バナナ、みかんなどは切る手間が省ける。

CHAPTER 2
26
THEME

食事は「栄養バランス」と「家族のコミュニケーション」が大切

1 日3食の食事全般についてはどのようなことに気をつければよいのでしょうか。10歳頃の成長期の子どもであれば食事の内容や味つけにも気を遣う時期ですし、それだけでなく食事の時間や、いわゆる「孤食」を避けて家族と食べるということも大事でしょう。これだけ気をつけることが多いと、なかなか注意しきれないという方も多いはずです。いろいろなことに興味をもって活発に活動する時期だからこそ気をつけたい食事のことをまとめました。

Q

食事で気をつけていたことはありますか?

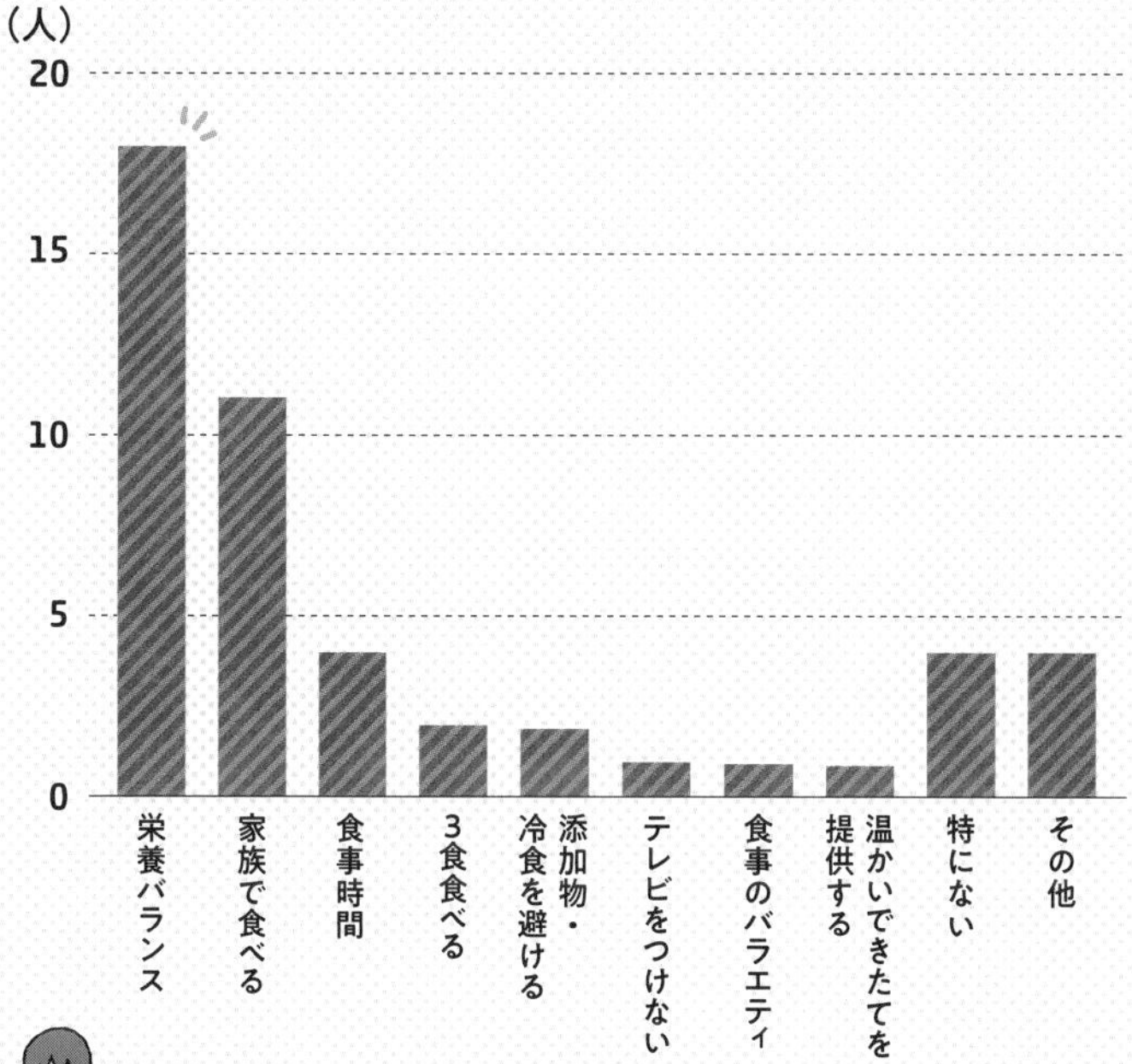

DATA

栄養バランスと家族での食事がツートップ!

東大生の保護者へのアンケートでは、自由回答形式で「食事で気をつけていたこと」を質問しました。最も多く回答が集まったのは「栄養バランス」と「家族での食事」について。ほかにも食事の時間帯などの回答が多く寄せられました。

東大生の保護者の回答としては「3食きちんとバランス良い食事」「肉と魚のバランス」といった「栄養バランス」の内容が最も多く、次いで「家族で食事をする」ことに気をつけている回答が多くありました。私の場合、母親に話を聞くと「炭水化物、たんぱく質、野菜のバランスをとる」「1日3食食べる」「薄味にする」あたりは意識してくれていたようです。

特に10歳頃の子どもにとって重要なのは「栄養バランス」と「3食とること」、そして「食卓におけるコミュニケーション」です。それでは、それぞれなぜ大事なのか、どういうことに気をつけるべきなのか考えていきましょう。

3食食べることで、体内時計が整う

まずは「栄養バランス」と「3食とること」についてです。食事は毎日のことですから、あまり気負い過ぎるとなかなか続きません。いちばん大事なことは「毎食完璧にバランスをとる」よりも「偏り過ぎない」ことだととらえてほしいのです。バランスが多少崩れても「偏り過ぎない」ことを意識するだけで十分です。小学校の間は98・5％の学校で完全給食（主食・牛乳・おかずの給食）が実施（平成30年学校給食実施調査）されています。そもそも学校給食の目的の一つが「適切な栄養の摂取による健康の保持増進」なのです。

栄養バランスよりも圧倒的に気を遣ってほしいのが「3食必ず食べること」です。これは、「生活習慣の確立」という点でも重要です。朝・昼・晩と食事を定期的にとることで体温の調節ができ、体内時計を整えていく効果もあります。生活習慣が乱れると勉強に集中できなかったり、何事においても無気力になりがちです。もちろんたまに夕食が遅くなってしまったり、習い事などで特定の曜日だけ時間がずれてしまうことは仕方がありませんが、たとえば「7時半に朝食、18時に夕食」などベースとなる時間は決めておき、必ず3食食べさせるようにしていきましょう。

食事を温かいコミュニケーションの場に

食事の役割としてもう一つ重要なのが、食事そのものがもつ、「コミュニケーションの場としての役割」です。これも THEME18 でお伝えしたことですが、家族の誰かと同じ食卓を囲んで話すことで、コミュニケーション力が育まれます。その日に学校であった出来事、遊びや読書、習い事などを話すことで、子ども自身の興味を広げ、思考を整理することができますから、この時間は非常に大切です。

とはいえ、毎日一緒に食事をする時間が取れなくても、ほかでリカバリーすれば大丈夫です。私の場合、塾や習い事などで食事時間がずれても、母親が家事をしながら話しかけてくれていたので、その日の出来事など楽しく話していた記憶があります。「家

夕食は親と一緒にしていましたか？（東大生アンケート）

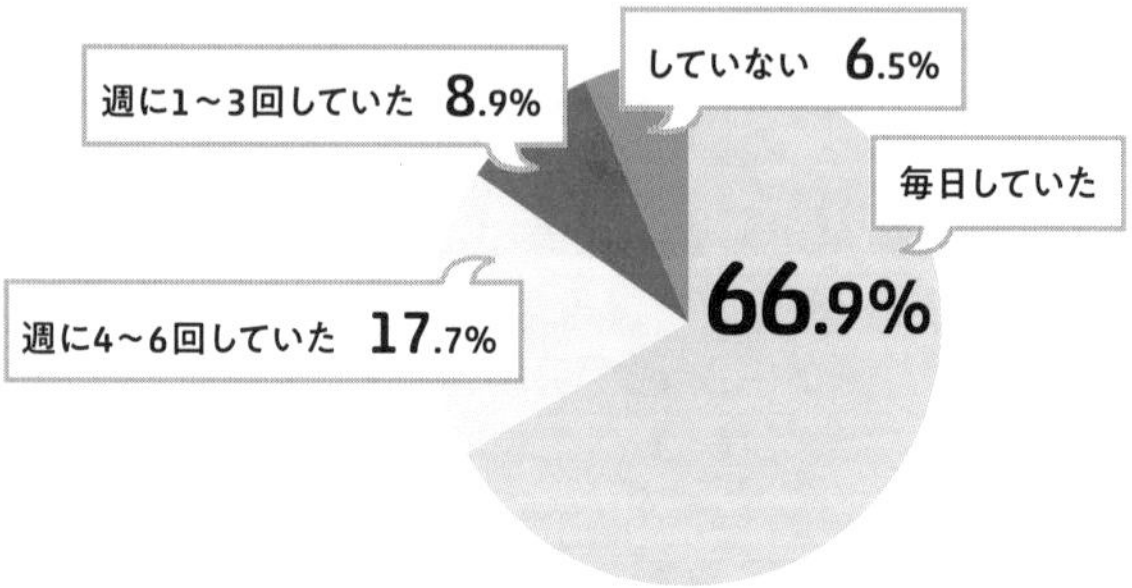

族の誰かは一緒に食事をとる」「そばにいてあげる」でも構わないので、できる限り「子どもがリラックスしてコミュニケーションを取れる時間」を増やしてあげてください。

CHECK!

「家族での食事」について、東大生の保護者の声

1日3食、誰かと一緒にいつも食べていたと思います。

バランスよく、家にいる家族は共に食事をする

なるべく美味しく楽しくいただけるように、そして食事をとるだけではなく、家族のコミュニケーションと家族の在り方などの教育面が食事の質を高められる一つの事でもあり、その重要性も大切に考えていました。

CHAPTER 2
27
THEME

お小遣いでお金について学ぶ

毎日の生活で気になることといえば、子どもの「お金」の使い方も挙げられるでしょう。私の場合、お小遣いは渡されていませんでしたし、そもそもお金を使いたいと思うタイミングもそれほどなかったように思います。あってもお年玉をためておいて、欲しいカードゲームやゲームソフトをそれで買っていたくらいでしょうか。こうした「欲しいものはお金をためて買う」とか「お金は価値の対価としてもらう」といった経済活動を子どものうちに知っておくことは、どういう効果があるのでしょうか。東大生の小学生時代のお小遣い事情から探ってみることにしましょう。

Q

決まった額のお小遣いを毎月もらっていましたか?

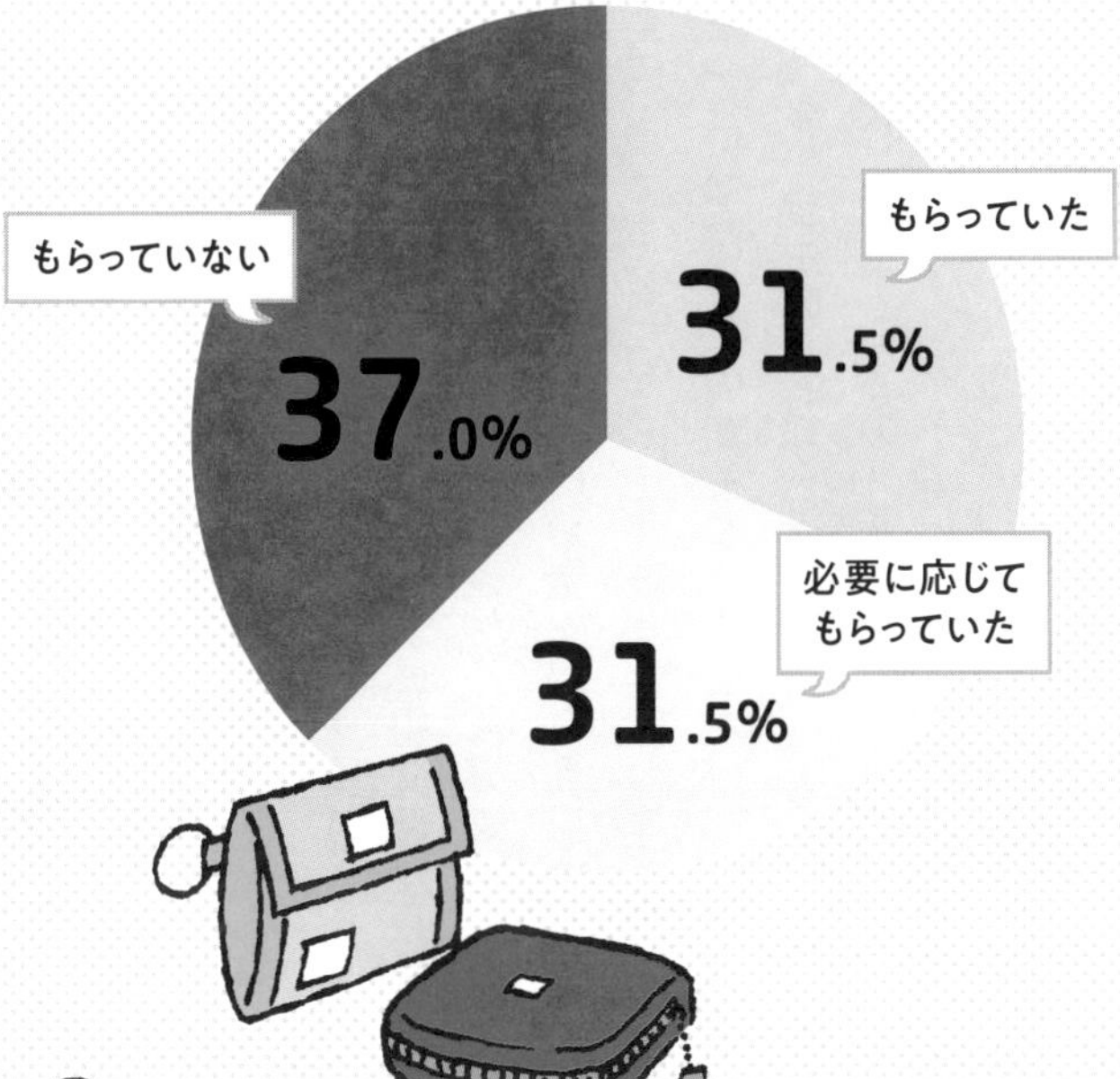

お小遣いは「もらっていた」「必要に応じて」「もらっていない」がほぼ同じという結果に！

東大生へのアンケートでは、毎月決まった額のお小遣いをもらっていたという人が31.5%。もらっていない中で「必要に応じてもらっていた」という人が同じく31.5%という結果になりました。

「定期的にお小遣いをもらっていた」という回答は3割、「必要に応じてもらっていた」と「もらっていなかった」という回答もほぼ3割という結果になりました。中には「お手伝いをしたらいくら、という形でもらえていた」という人もいて、ご家庭によってさまざまな形があるようです。

私の場合は、基本的に親からはもらっておらず、お年玉の一部で何かを買う、ということが多かったように思います。たまに祖父母からもらうお小遣いをためておいて、カードゲームのパックや、遊びに行ったときのジュースなどを買うこともありましたが、基本的には必要があれば親にお金をもらう形でした。一度「お風呂掃除をしたら50円」とかもやってましたが、全然続かず終わってしまいました。そもそもあまり金銭感覚がもてていなかったのかもしれません。

「金銭感覚」を小学生のうちから養っておけるというのは、お小遣いを定期的に、もしくは必要に応じて渡すことのメリットの一つです。「ものを手に入れるのはお金がかかる」「ゲームソフトはいくらくらいする」ということを実感をもって知ることができます。さらに、自分のもらっているお小遣いと欲しい物の金額とを比べて自分の物欲をコントロールすることや、計画的にお金を使うことになるというのもメリットです。

とはいえ、お小遣いを「ただ渡すだけ」では効果はありません。お小遣いを渡すときには、必ず何かしらの「ルール」を明確につくっておく必要があります。お小遣いを渡す際に「欲しいものは買っていいけど、そのお金の範囲の中でしか買えない」ということ、「こういうものは親が買ってあげる」という線引きをルールとして決めておき、「欲しいもので足りない分はお金をためて買おうね」と話しておくことで、欲しい物にだけお金を使う、本当に欲しいものか考える力がつきます。私の場合は衣服などは買ってもらっていましたし、子ども会の集まりのお金など、必要に応じてもらっていましたが、先述のカードゲームのパックやほしいゲームソフトなどは、ためたお金で買うように言われていました。

もちろん「ルールで縛り過ぎる」ことはよくないので注意が必要です。「どういうものに保護者がお金

お小遣いの使い道に制限はありましたか？（東大生アンケート）

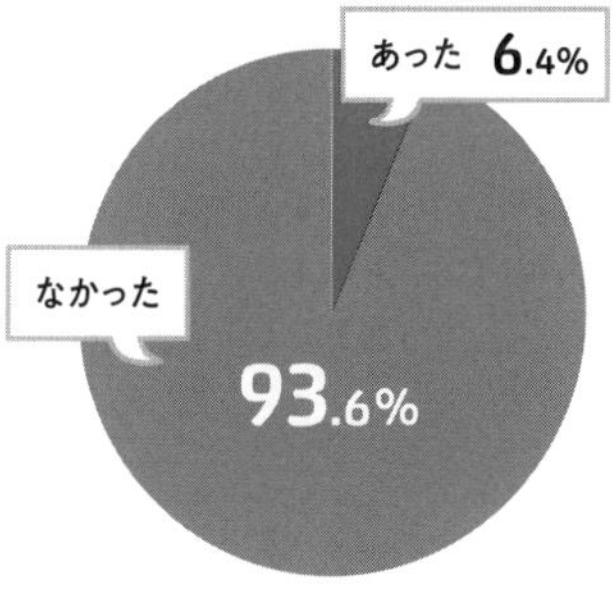

を出すか」「どのような形でお小遣いを渡すか（毎月定額なのか、都度渡すのか、お手伝いの対価として渡すのか）」などは決めておく必要がありますが、お小遣いの使い道は、極力制限しないようにしましょう。東大生へのアンケートでも、「毎月決まった額のお小遣いをもらっていた」人のほとんどが「使い道に制限はなかった」と答えています。使い道を制限し過ぎると、「何にお金を使うか」「お金をためて欲しいものを買う」ということを自分で考える機会が減ってしまい、お小遣い制にするメリットが減ってしまうためです。もちろんお小遣いの範囲を超えるもの、危険なものを買おうとしていたら諫める必要がありますが、基本的には自由に使えるようにしておくほうが、興味を広げたり計画性を養ったりすることに役立ちます。

お金の意味を実感をもって知る

ルールを決める以外にも、お金に関して大事なことはあります。お小遣い制になってしまうとどうしても「お金はもらえて当たり前」だという認識になってしまうこともありますが、そうではなく「お金は価値を与えた対価としてもらえるもの」

だと、しっかり理解させることは重要です。子どもがお金について興味をもったら「普段渡しているお金も（親が）毎日仕事をしている代わりにもらっているんだよ」ということをしっかり話してあげるようにしましょう。ここから親の仕事の話などに広げてもよいですし、「お金は価値提供の対価である」ことをわかってもらうために

「お手伝いの対価」にするのも有効な手段です。「お風呂掃除をしたら50円」「おつかいに行ったらお釣りをあげる」などで、親がやってもらって嬉しいことの対価を渡すことで、働く疑似体験が可能です。お金の価値を理解してもらうために試してもいいかもしれません。

Creating Self-Motivated Learners : How to Develop Your Self-Confidence and Broaden Your Horizon

Chapter 3

趣味・習い事編

THEME

CHAPTER 3

28

THEME

趣味は何でもOK！何でも面白がって、いろいろなことに興味をもつ

ここからは、東大生の「日頃の遊びや習い事」に関するアンケートから、子どもの学習意欲や学力に結びつく大事なことをお伝えしていきます。

本書でこれまでくり返しお伝えしていることは「子どもが興味をもてるように、視野を広げてあげること」ですが、東大生が小学生時代にやっていた趣味や興味をもっていたことは何なのでしょう。視野を広げてあげる上での参考として、アンケートを見ていきましょう。

Q 趣味や興味をもっていたことは何でしたか?

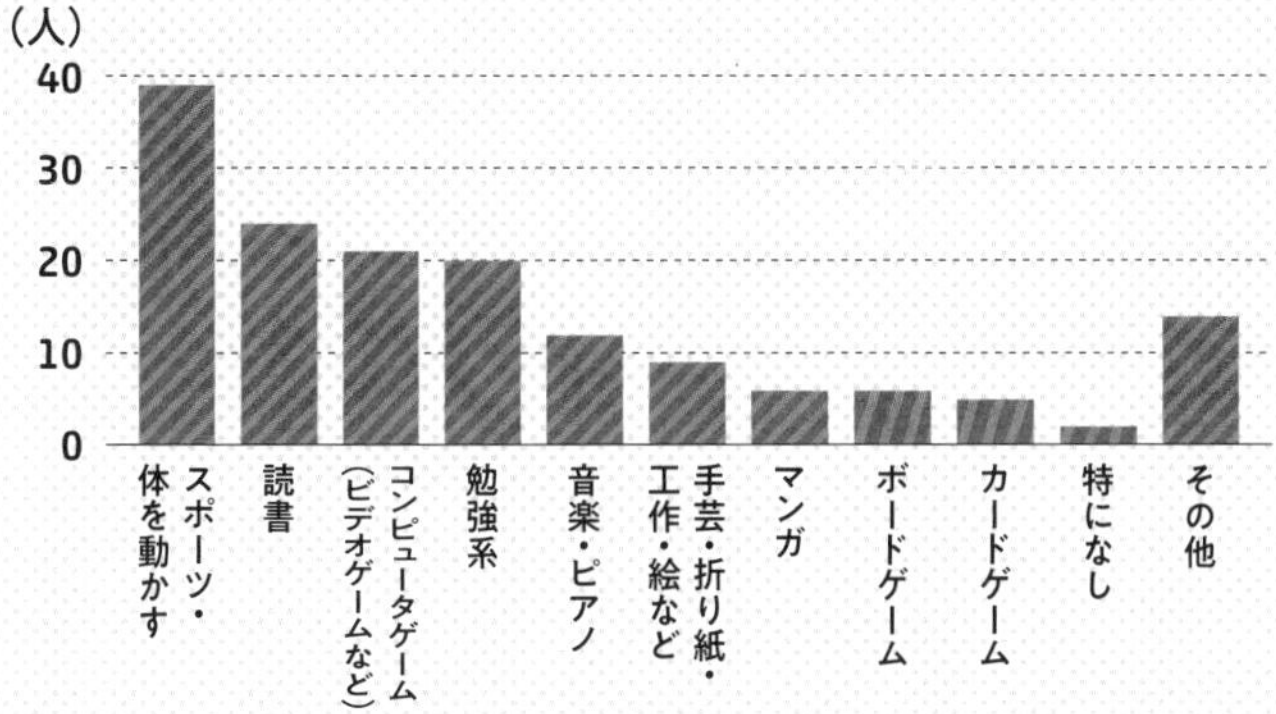

※東大生へのアンケート(自由記述・複数回答可)をもとに分類して集計

Q 興味をもっていたことの例

- 図鑑を読むこと
- 宇宙や体内の構造について
- きのこ図鑑で毒キノコなどの特異なキノコを覚えること

スポーツ・読書・コンピュータゲームなどが上位に!

野球やサッカー、公園で遊ぶなどの「体を動かす」ような趣味の回答が40近くでトップで、次いで読書、コンピュータゲームという結果でした。興味をもっていたことはさまざまで、何か調べたり知ったりという勉強に関わる回答も多くされていました。

私の場合、10歳頃は「ポケモンカードゲーム」「実況パワフルプロ野球」などのカードゲーム・ビデオゲームにハマっていました。ほかにも図鑑をたくさん読む・星座について調べる・空想で地図を書いて鉄道図を作るなど、暇つぶしには事欠かなかったように思います。

アンケート結果は分類してお見せしましたが、興味深かった具体的な回答をピックアップしていきましょう。

東大生のアンケートの結果から驚いたのは、多種多様な趣味や興味の分野が挙げられたことです。全部で69種類もの趣味や興味が挙げられました。たとえば同じ「スポーツ・体を動かす」に分類した中でも、「サッカー」「野球」「水泳」「バスケ」「剣道」などのスポーツのほかに「一輪車」「竹馬」などが趣味として挙げられていました。ゲームについてもカードゲームやビデオゲームだけでなく「将棋」「チェス」などの回答も見られました。「図鑑を読む」「宇宙について調べる」など「勉強系」の回答、「小説を書く」「折り紙」のように「何かを作る」ような趣味が見られたのも特徴として挙げられるでしょうか。たしかに私も小学3〜4年生のときにクラスで「マンガ係」をつくって、毎週マンガを書いて掲示したり、その延長で新聞を発行したりしましたね。

東大生が興味をもっていたこと

「スポーツ・体を動かす」の回答例

- 野球
- サッカー
- 水泳
- バスケ
- バレエ
- 剣道
- 公園で遊ぶ
- 一輪車
- 竹馬
- 乗馬

興味深かった回答例

- 将棋
- チェス
- 虫とり
- 小説を書くこと
- 図鑑を読むこと
- 株

東大生も十人十色の趣味をもっていた、というアンケートの結果が物語っていますが、「こういう趣味をもつべき！」というものはなく、興味をもったものなら何でもよいので打ち込むことが重要です。自分の好きなことを突き詰めて趣味にしていくことで、知的好奇心を育むというメリットがあるのはもちろん、「自分はこれが好き」「このことについて詳しく知っている」ということが自信につながるのです。特に10歳頃の時期は自信を失いやすい時期でもありますから、「それでも自分はこれをしていれば楽しい」「このことなら誰にも負けない」と、自己肯定感

を高めることにつながります。それで認められたら、立派な成功体験にもなります。この自信や成功体験の積み重ねも、将来進路を決めて勉強などに打ち込む上でとても重要な要素です。

趣味があると自信がもてる

「自分はこれが好き」
という感覚そのものが
自信になる

熱中するからこそ
上達するので
成功体験がたくさん積める

まずはいろいろなことに手を出すことから

こうした打ち込める趣味をつくるためには、まず「いろいろなことに手を出してみる」ことが重要です。子どもが自分でそれを見つけられない場合は親がサポートをしてあげてもいいでしょう。私の場合、父親が図鑑をたくさん買ってきてくれたり、祖父が日本の地形図や路線図を見せてくれたりしたことが「空想の地図を作る」「図鑑で星座について調べる」といった趣味につながっていました。ほかにも「将棋の相手をする」「英会話教室に通わせる」「キャッチボールの相手をする」なども手助けになります。このように、なるべくいろいろなことに触れられるように仕向けてあげることが重要です。

step 1
いろいろなものに触れさせて、好きに選ばせる

step 2
与えたら見守るだけ

step 3
子どもが夢中になれるものを見つけたら、
それを応援（ときに援助する）

そして、そうしたさまざまなものの中から何か「時間を忘れて没頭できるもの」が見つかったら、そっと見守ってあげるようにしましょう。もし何かつまずくことがあったら、その際にしっかり助けてあげれば十分です。こうすることで子どもも「自分で興味をもったことをもっと深めたい」と思えるようになります。こうして何かを深めることがそのまま「何かを自分で作ってみよう」「わからないことは自分で調べよう」という習慣につながり、ひいては勉強にも生きてくるのです。

くれぐれも親から「これをしなさい」というような強要は避けてあげてください。

Creating Self-Motivated Learners : How to Develop Your Self-Confidence and Broaden Your Horizon

CHAPTER 3
29
THEME

家にたくさん図鑑があるから、好奇心が芽生える

何かに没頭するために、まずは手はじめに「視野を広げる」ことがカギになります。ここからはより具体的な「視野の広げ方」というところに焦点を当てていきましょう。まずはTHEME28でも触れた「図鑑」についてです。私の場合は家に図鑑が一通りそろっていました。いちばんはじめに買ってもらった「星と星座」の図鑑を穴が開くほどながめていたのを覚えています。気づけば恐竜、乗り物、昆虫などさまざまな図鑑であふれていましたが、この図鑑が自分の知的好奇心を大いに刺激してくれていたように思います。

Q

家に図鑑はたくさんありましたか?

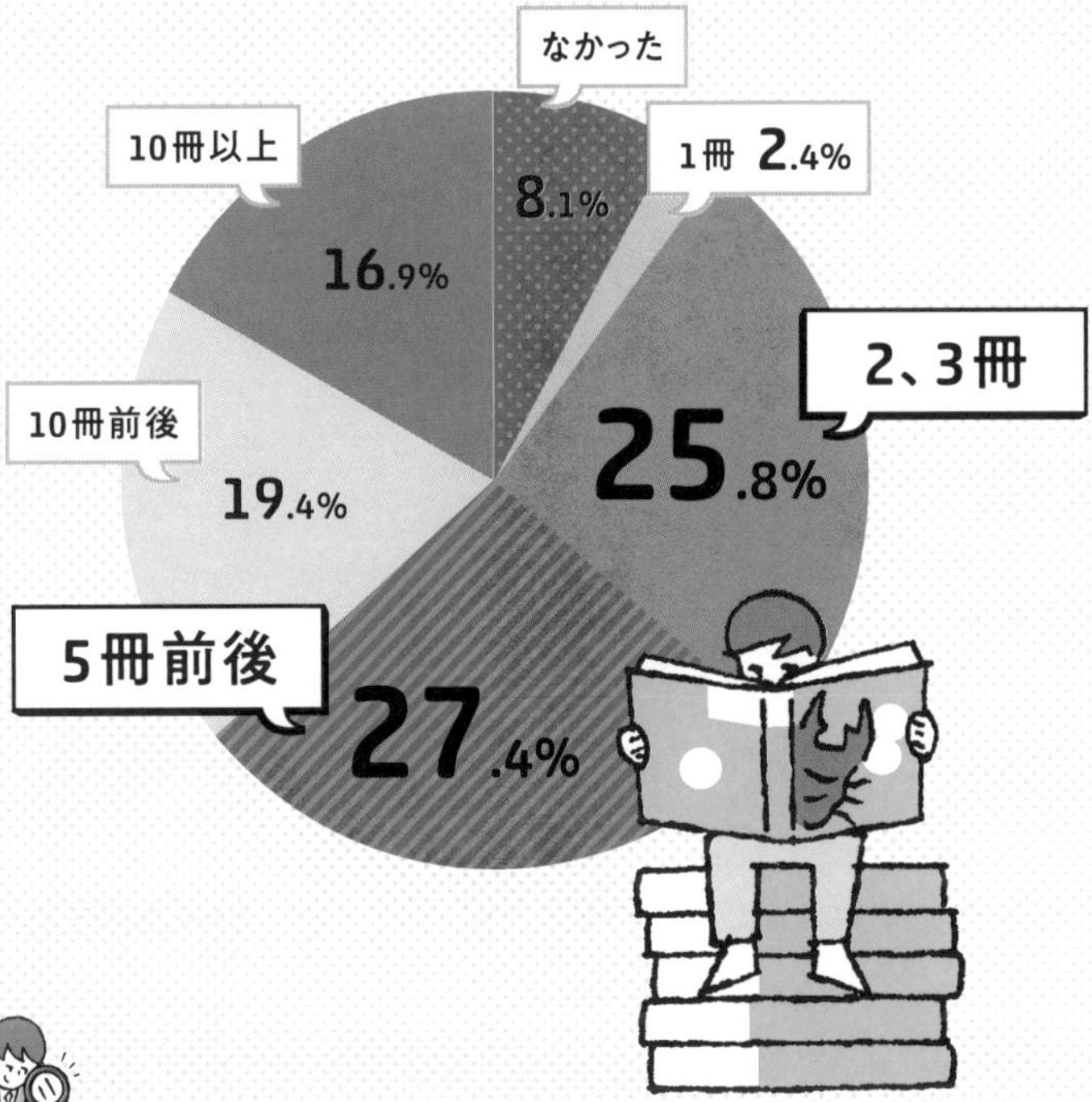

DATA

図鑑所有率は驚きの9割超え! 5冊以上あった家庭も6割を超えるという結果に!

「10歳頃、家に図鑑はたくさんありましたか?」という質問に対し、「なかった」という回答はわずか8.1%で、「5冊前後」から「10冊以上」の回答をあわせると63.7%にものぼりました。

東大生の図鑑所持率は9割以上にも上り、そのうち半数以上が4、5冊以上持っているという結果になりました。想定していたより多くの家庭に図鑑があって驚きですが、このことから「多くの東大生の家には図鑑があった」というのは間違いではなさそうです。

小学生のいる家庭は、ぜひ早いうちから「図鑑」を家のすぐ手に届くところに置いてあげてください。というのも、図鑑が手に届くところにある、いつでも開けるというだけで、子どもの好奇心を刺激し、視野を広げることに大きく役立つからです。日常の中で視野を広げるための第一歩として、いかに「身のまわりのものに興味をもつか」「身のまわりで新しいことに気づけるか」があります。たとえば「帰り道に普段見慣れない鳥を見つけたけど、何の鳥だろう？」とか、「水族館で見た魚、名前は覚えてるけどもっと詳しく知りたいな！」といったことに興味をもてるかどうかで、視野の広がり方が大きく変わってきます。これに気づくようになるには、あらかじめ図鑑などで「普段見ている生き物の種類」などを見ていることがポイントです。生き物にはいろんな種類があり、普段見ているのはこういう種類なんだ、ということを知っていれば、いつもと「違う」ということにも気づきやすくなります。さらに、普段見かけないものに興味をもったときに図鑑がいつでも手が届くところにあれば、「帰ってから調べてみよう！」となり、実際に調べて納得する、というサイクルが回ることになります。親が「この鳥なんて鳴くんだろうね？」「あの明るい星なんだろうね？」のように話しかけるときに図鑑があれば心強いです。「何でも載っている図鑑があって、広げればいつでも調べられる」という環境があることで普段から好奇心が刺激され、視野を広げる機会を増やすことができます。

実際、アンケートでも図鑑を読む機会については、「週に1回以上」読むと答えた人が37・8％で、図鑑があるというだけでも興味をもつ機会になるということがわかります。さらに「図鑑を読む子」にするためには、親が自ら「図鑑で調べる」ことを実践して見せるとなおいいですね。

東大生に聞いた「図鑑を読んでいた頻度」

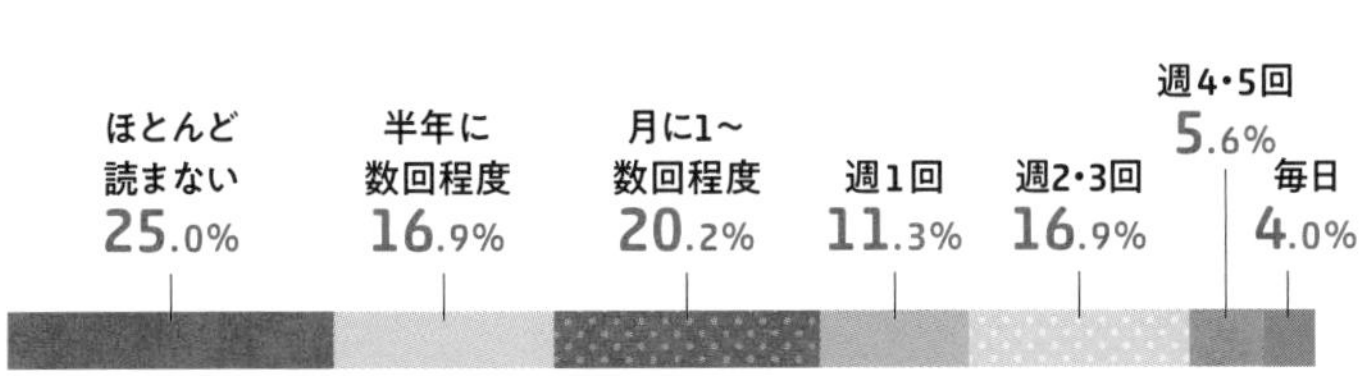

インターネットにはない図鑑の魅力

インターネットで調べることの利点はTHEME37で詳しく触れますが、子どもの手の届くところに置いておけるものとしては、あえて図鑑をおすすめします。図鑑のメリットを最大限活かすことでより多くのことに興味をもったり掘り下げたりすることができるのです。

図鑑のメリットの一つ目は「同じページや前後のページにあるほかの情報も一度に見ることができる」ということです。たとえば知らない鳥を調べるときに、目当ての鳥を図鑑で見つけたときに、似たような鳥や同じ科の鳥などが近くに載っているはずですから、「この鳥っていつも見ているあの鳥の仲間なんだ！」という発見をすることがあります。また、「こんな見た目が派手な鳥もいるんだ！」という別の興味も湧くこともあるでしょう。それが「何でこんなに派手なんだろう？」といった別の疑問に……というふうに良い連鎖を生むことになります。インターネットだと、どうしても調べたい対象だけを見ることになりがちです。よって、こうした好奇心の連鎖が生まれにくいのです。

図鑑で調べることのもう一つのメリットは、「写真や絵が豊富で、視覚的に得られる情報量が多い」ということです。多くの図鑑は写真や絵で生き物の生活の様子がダイナミックに描かれていたりしています。こうした写真や絵は印象に残りやすいので、同じものをまた見たときに図鑑で見た内容や書いてあった情報などを思い出しやすくなりますし、別のことを調べるきっかけにもなりますから、視野を広げることになるのです。

図鑑の特徴とメリット

同じページ・前後のページにまで目が行く

- 同じ種類のものや関連するものにまで興味をもちやすい。
- そのまま図鑑を読み込むきっかけにもなる。

写真や絵が大きく、視覚的に情報が得やすい

- 大きな写真や絵は印象に残りやすい。
- 文字だけより刺激も強く一度に入る情報量も多いので、関連したものを調べたり興味を広げたりするきっかけになる。
- 共通点・相違点を見つけやすく、いろいろな視点で対象をとらえられる。

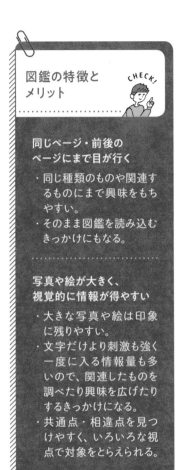

図鑑をそろえてあげる場合は「大きいもの」「コラムや実験、まとめが多いもの」、そして何より、「絵や写真が充実しているもの」を選ぶようにしましょう。絵や写真が充実していればいるほど、先述のメリットを享受しやすくなりますし、サイズが大きいほうが絵や写真もインパクトのあるものになるからです。コラムや実験、まとめの部分は子どもの「なぜ？」「どうして？」に答えるような話が多くまとめられていたり、子どもが興味をもちやすい、思わず人に話したくなるような小ネタがたくさん書いてあったりするため、普段から図鑑を開いて眺めるのに最適です。

図鑑のジャンルは子どもが興味をもちそうなものからでよいですし、複数冊を一気にそろえる必要もありません。普段から乗り物に興味をもっているのであれば「鉄道」「車」などでもよいでしょうし、よく水族館に行くのであれば「魚」などでもよいでしょう。ペットを飼っていれば「動物」、恐竜が出るゲームやアニメにハマっていれば「恐竜」の図鑑を買ってあげるのもいいですね。私の場合は「カブトムシ・クワガタムシ」の図鑑や「水の生物」の図鑑を見て、近所で捕まえてきた虫、ザリガニなどを調べていたのが懐かしいです。このように興味がある分野から図鑑をそろえて、一緒に開いて見てあげたり、どこかに行くたびに図鑑の話をもち出して読むのを促してあげるだけでも、自然と図鑑に触れる習慣がつきます。いろいろなものに興味をもつようになったら、その都度図鑑の種類を増やしていけばよいですし、図鑑を読むのが楽しくなると、子どもから「この図鑑が欲しい！」と言うようになるはずです。

少しでも興味があれば図鑑を読んでみる

図鑑は購入して
手元に置くのがベストだが、
まずは図書館で
借りてみるのもよい

最後にいくつかおすすめの図鑑を紹介しておきましょう。私がずっと読んでいて馴染み深いのは『小学館の図鑑ＮＥＯ』シリーズでした。昔から大判カラーの図鑑を出していて、ありとあらゆる種類の図鑑がそろっています。今では新版になってＤＶＤ付属になっているので、より情報量も増えて刺激になるでしょう。このシリーズの『くらべる図鑑』は、動物や乗り物などの「大きさ」「速さ」など、全く違うもの同士を比べたり、より現実に近いものとしてイメージしたりしやすくなり、視野が広がるのでおすすめです。

「写真」「絵」のクオリティでいうと、『学研の図鑑ＬＩＶＥ』シリーズもおすすめです。一般的な図鑑のような紹介はもちろんですが、見開きで「実物大の高画質写真」「超アップで特徴をとらえた写真」などをふんだんに使っているため、大人が見てもびっくりするようなインパクトがあります。こちらもＤＶＤが付属しており、ＢＢＣ（英国放送協会）の「ＢＢＣ ＥＡＲＴＨ」から抜粋した映像やオリジナルの映像を見ることができるようになっています。

図鑑もさまざまに進化していますから、書店で子どもと一緒に選んでみてもいいですね。

おすすめの図鑑

小学館の図鑑NEO

- 種類が豊富。
- 細かい情報まで掲載されている。
- 「くらべる図鑑」という面白い切り口のもあり、興味をもつきっかけになる。

学研の図鑑LIVE

- 実物大の写真や超アップ写真でインパクトがある。
- 実物をイメージしやすい。
- DVDやAR（拡張現実）つきのものもあり、イメージをふくらませやすい工夫がされている。

CHAPTER 3
30
THEME

東大生は読書家が多い？本で想像力を豊かに

図鑑の次は、東大生の小学生時代の「読書」事情についてです。小学生の時の趣味の中に「読書」という回答がいくつもありましたが、どのくらい本を読んでいて、どんな本を読んでいたのでしょうか。私も例にもれず、たくさん本を読んでいた記憶があり、本を読み過ぎて夕食の時間を守らず怒られたこともありました。読んでいたのはほとんど小説で、新聞はスポーツ欄くらいしか読んでいなかった気がしますが……。

ここでは、まんがを除いて、「読書」をどのくらいしていたのか、また子どもにすすめてた本があったのか、ということを見ていきましょう。

Q 10歳頃どのくらい読書をしていましたか?(まんがを除く)

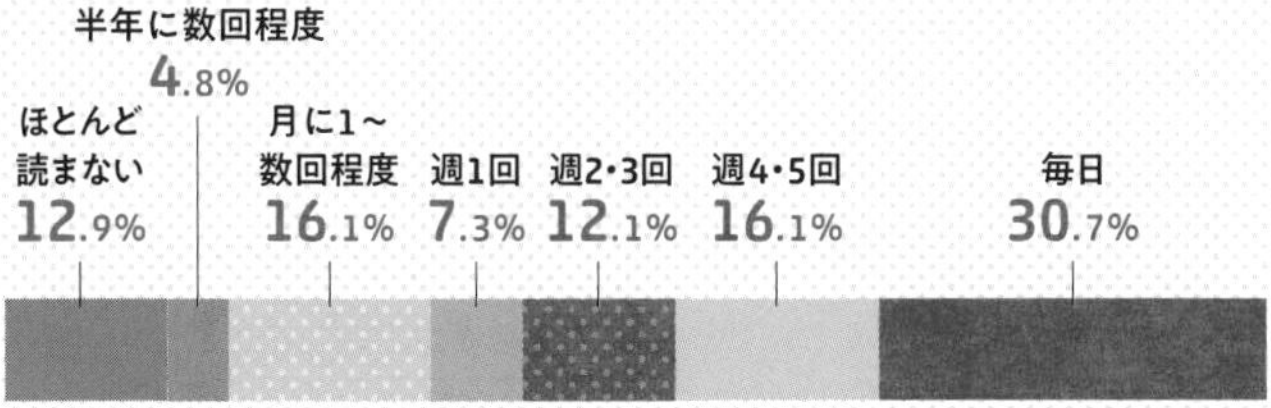

※東大生向け

Q 子どもにすすめていた本はありますか?(複数回答可)

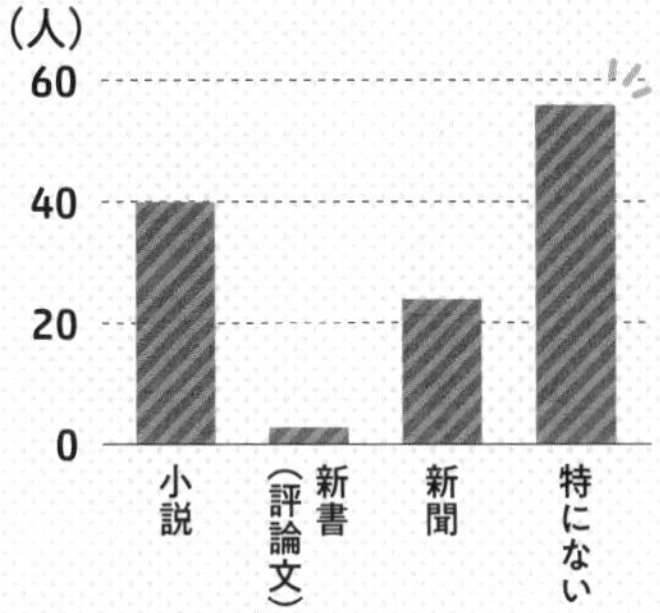

※保護者向け。「小説」「新聞」「新書(評論文)」「学習まんが」「特にない」からの選択で、「学習まんが」の結果(39件)を除外

週1回以上の読書が6割以上!

東大生向けの「10歳頃どのくらい読書をしていましたか?」というアンケートでは、「ほとんど読まない」という人が12.9%の一方、毎日読む人が30.7%、週1回以上読む人まで含むと66.2%にものぼりました。保護者が読むようにすすめていた本は「特にない」が最多です。

東大生向けのアンケートでは、週に1回は本を読んでいたという人が66％程度という結果になりました。「毎日何かを読んでいた」という人が3割を占めていることから、読書が趣味で、本を読む習慣がついている人は多いようです。読んでいた本は、小説がほとんどのようで、学級図書や図書館にあった文庫本が多く挙げられました。子どもに「この本を読むといいよ」とすすめた割合は55％で、多くが小説でした（アンケートでは、今回除外した「学習まんが」も小説とほぼ同数の回答がありました）。子どもが自分で好きな小説を読んでいることも多く、何を読むかということはそれほど重要ではないのかもしれません。

読書することによるメリットはたくさんあります。その一つが、「いろいろな知らない世界を想像したり知ったりすることができる」というものです。これは小説であってもノンフィクションや伝記などであっても言えることですが、本は誰か別の人の思考や人生を追体験できる装置であり、自分の知らない世界に足を踏み入れるきっかけになるものです。そして良かったと思う本ほど深く印象に残り、人生のさまざまな局面に影響を与えるようになります。また、感受性豊かな10歳頃に、いろいろな思考・世界観に触れる経験や、一つの小説に没頭して登場人物の人生や行動に感情移入する経験は、たいへん貴重なものです。読書によって知っていることが増え、興味の範囲が広がるので、本はぜひ読むべきです。

一冊の本を熱心に読み込んでもよいでしょうし、面白そうな本を片っ端から読んでいってもよいでしょう。「水滸伝」や「シャーロック・ホームズ」シリーズなど外国文学の翻訳作品を読むことで、日本と違う文化に触れることもできます。偉人の伝記は歴史の勉強にもなりますし、何より「人の人生を追体験する」という効果が大きいため、「このとき自分だったらどうしているかな……」といった想像力をはたらかせることが出来ます。

ほかにも、**長編小説を読んで登場人物**

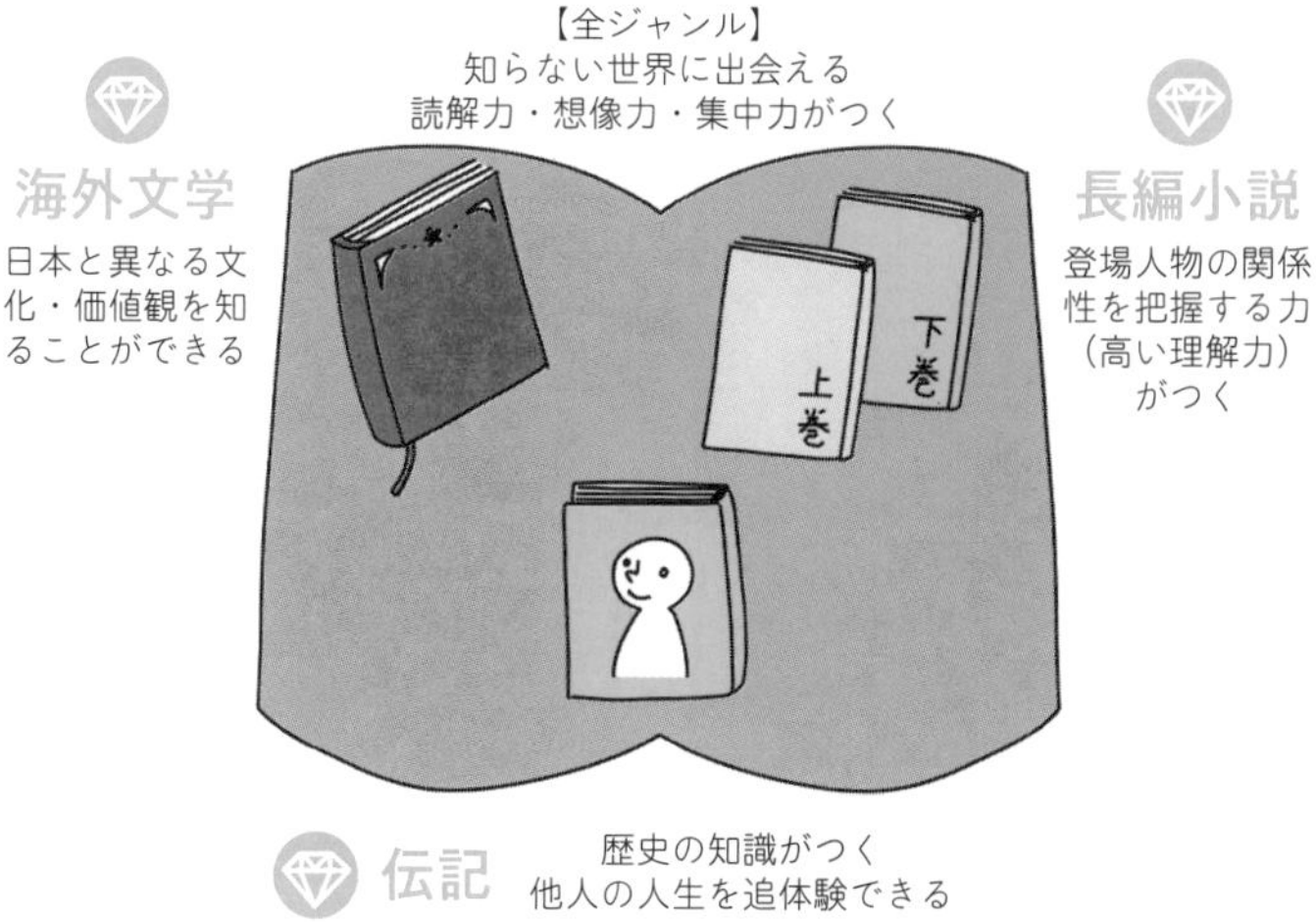
【全ジャンル】
知らない世界に出会える
読解力・想像力・集中力がつく
海外文学
日本と異なる文化・価値観を知ることができる
長編小説
登場人物の関係性を把握する力（高い理解力）がつく
上巻
下巻
伝記
歴史の知識がつく
他人の人生を追体験できる

の関係性を整理する読解力をつけるという一面もあります。小学校も高学年くらいになると、徐々に長編小説や少し古めの文学作品に触れることもあるでしょう。たとえば「ハリー・ポッター」シリーズは僕も小学4年生から読んでいましたが、登場人物の関係性や思想背景を把握しながら読み、情景描写も「学校や町並みはこういう感じなんだろうか」と想像をかきたてられました。いちばん苦戦したのは「ゲド戦記」のシリーズで、内容が複雑で理解できないながらも、主人公の心情を想像ながら読むこと、登場人物が出てくるたびに関係性を理解していくことは楽しかったです。

ストーリーが難しい 整理しながら読む力がつく読み物

- 『ハリー・ポッター』シリーズ
- 『ゲド戦記』シリーズ
- 『シャーロック・ホームズ』シリーズ
- 『ナルニア国物語』シリーズ
- 『獣の奏者』シリーズ
- 『オズの魔法使い』シリーズ
- 『赤毛のアン』シリーズ
- 『三国志』シリーズ

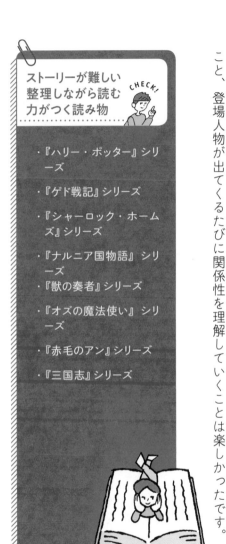

読解力だけでなく集中力もつく

もちろん、学力面でもメリットは、「読解力」「語彙力」「表現力」の向上に役立つことはいうまでもないでしょう。読書をする人ほどこうした力を自然に身につけていきますし、逆にそうした力をつけるための勉強（参考書を読んだり、文章問題を解いたりすること）にも抵抗なく取り組めるようになっていきます。

さらに、読書をすることで「集中力」もつきます。「何かに集中して取り組む」という力はいうまでもなく勉強に不可欠な要素ですから、読書がいかに有用かをどれだけ強調してもし過ぎることはないほどです。

ここまでを読むと、読書をさせることは良いこと

東大生の親に聞いた「意識して子どもに読書をさせていたか」

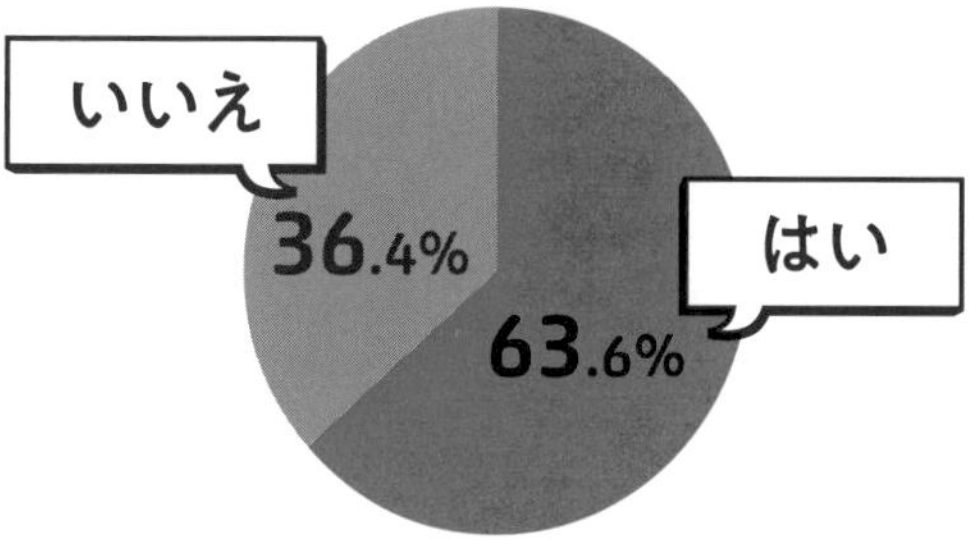

尽くめだと思いますよね。ところが、ここでもやはり気をつけるべきなのは、「無理に読ませない」ことです。無理に子どもに読ませてもなかなか読んでくれませんし、かえって読書嫌いになってしまいます。学校によっては「図書の時間」などのように本を読む時間が定められていることもありますので、そうした機会に本に触れるという経験を重ねて、そこから次第に本に興味をもち、家でも本を読むようになるのを待ってあげるというのでも十分でしょう。そして、そのように興味をもつようになったときに読書を習慣化できるように、家には本がある環境を整えておくとよいでしょう。

まずは「最後まで読みきれる」ものを

子どもに無理なく読書習慣をつけるためには、第一に「子どものレベルにあった本をそろえる」ということが挙げられます。10歳頃で、あまり文章を読み慣れていない子どもにいきなり文字量の多い本を与えても、挫折してしまい、「本は難しいもの」という印象だけが残ってしまいます。そうならないために、はじめは短編集などがおすすめです。私もはじめは講談社の「イッキに読める！ 名作選 小学4年生」のような、著名な短編がまとめられたものを読んでいましたし、ほかにも学研の「10分で読める物語」なども学年ごとに物語が選ばれているため、取っ掛かりとしてよいでしょう。このような短編集が家にあると、手に取りやすく、読書の入り口にぴったりなのです。

まずは1冊を読みきる

「1冊読みきれた」という達成感と、「面白かった」という満足感があれば、難しい本にも挑戦できるようになる

次にぜひ、子ども自身に本を選ばせてみてください。興味のないジャンルやテーマの本はなかなか読みたくないでしょうから、興味のあるものにたくさん触れさせることが重要です。たとえば、夏休みの宿題で読書感想文が出されていたり、学校から「推薦図書」などといったプリントが配られると、どうしても「読んでみなさいよ！」と

誘導してしまいがちです。しかし、「読みたいわけではない本」を読んでも習慣にはなりにくいのです。読書感想文が紐づいていると、なおさら「読書＝感想文」となってしまい、抵抗感を生むもとになってしまいます。親からすると「内容のある本を読んでほしい」「本のジャンルや筆致も気にしたい」という気持ちもわかりますが、読むべき本を指定するのではなく、子どもが読みたいと思える本を選んで読めるようにしてあげましょう。そのために、一緒に地域の公民館や図書館に行って本を選んだり、書店に一緒に連れて行って本を選んだりすることもおすすめです。

映画やアニメ・まんがをきっかけにするのもよい

子どもの読書習慣をつけるために、子どもが観た映画やアニメ、まんがなどの文庫版があれば、それを買って家に置いておくということも一つの方法です。もともと興味のあるコンテンツの「活字版」なので、ゼロから本を選んで読むよりはハードルも低いはずです。これも「中身が薄い」「もっと難しいものを読ませたい」と張り切るのではなく、まずは子どもが興味をもったものから読んでもらい、徐々にレベルを上げていけるとよいでしょう。

あくまで「読書は無理やりやるものではない」「易しいものでもよい」ということを念頭に置いてください。興味があるものやレベルに合ったものから少しずつ手に取ってもらえるようになれば、子どもの読書の世界は大きく広がり、子どもの視野を広げるきっかけになるでしょう。

子どもに「読書の習慣」をつける方法

○ 子どものレベルに合った本をそろえておく

- 「10分で読める!」など、手軽に読める短編集。
- 「小学○年生」など対象が明確な短編集。

○ 子どもに興味のある本を選ばせる

- 図書館や本屋に連れて行って、親も一緒に選ぶ。
- アニメやまんが、ドラマを入り口にする。
- 興味のあるテレビやアニメの関連本・文庫版を買っておく。

× やってはいけない「読書のすすめ方」

×無理に読ませる。
×学校の推薦図書から無理に選ぶ。
×読書感想文を無理に書かせる。
×親が指定した本しか読ませない。
×「この本は良くない本だから」という理由で読ませない。

Creating Self-Motivated Learners : How to Develop Your Self-Confidence and Broaden Your Horizon

CHAPTER 3

31

THEME

読書経験はまんがでもOK！

「読書はしないけど、まんがならずっと読んでいる」というご家庭もあるのではないでしょうか。10歳頃ともなると、まんが雑誌を読んでいる人は多く、周囲もその話題で持ちきりになることも少なくないはずです。その話題についていけるように、私の場合もまんがをたくさん読んでいた記憶があります。ところで、読書で読解力や想像力を高めたり、一つのことに集中できるようにしたりするという話は、まんがにも当てはまるのでしょうか。東大生の小学生時代の「まんが事情」を見ていきましょう。

Q どのくらいまんがを読んでいましたか?

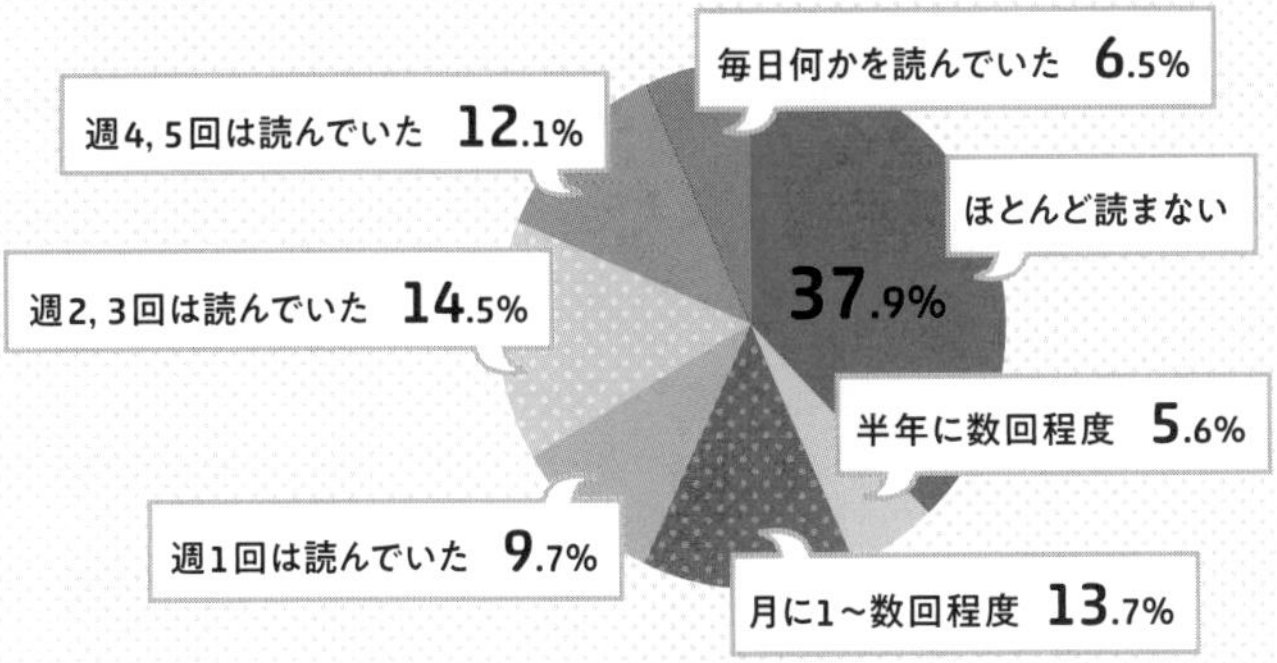

Q 子どもに読ませていた学習まんがなどはありましたか?

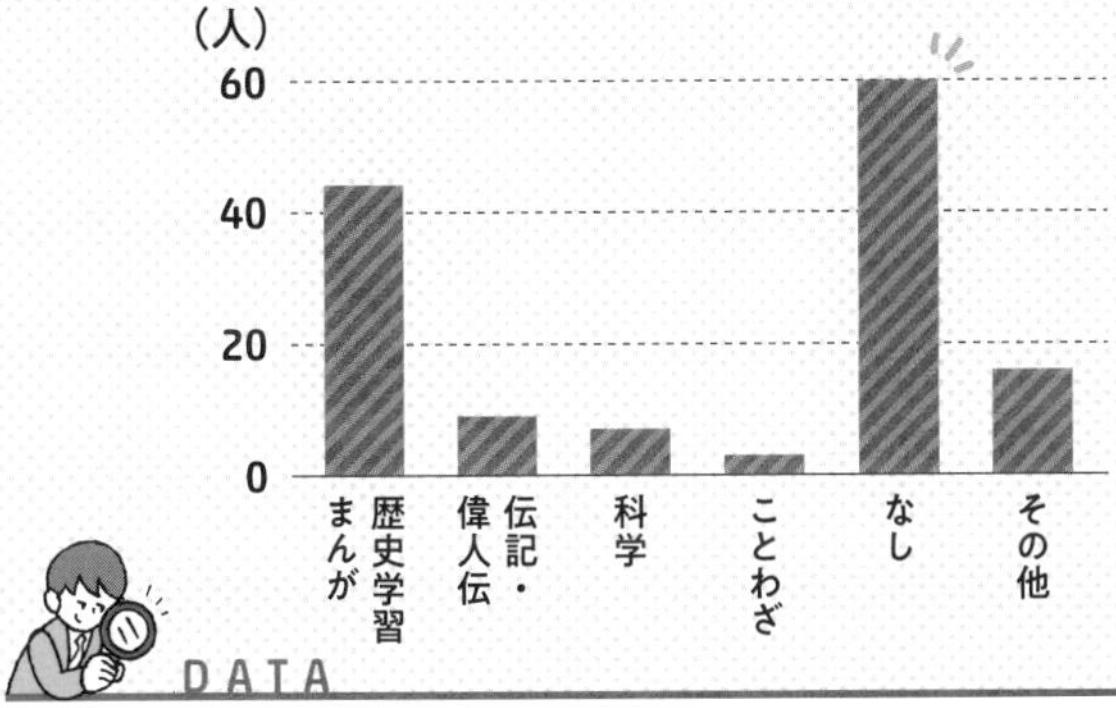

DATA

まんがを少しでも読んでいたのは62.1%、毎月読む人も半数以上

東大生へのアンケートでは、まんがを「ほとんど読んでいなかった」という人は37.9%、「月に1回」以上読んでいた人は56.5%に及びました。保護者が学習まんがを読ませていた、という回答も多くみられました。

学研教育総合研究所の小学生白書によれば、小学生が1か月で読むまんがの冊数について、小学3年生で「読まない」と回答した人は51%、小学4年生で「読まない」と回答した人は44%としています（2016年）。今回、アンケートをとった東大生の小学生時代は2008〜2011年頃なので、直接比較できるものではないとしても、東大生でまんがを読んでいた人は決して少なくないと考えられます。もう一つ、保護者向けに「読ませていた学習まんが」という項目でアンケートを取りましたが、これは「歴史系の学習まんが」が圧倒的に上位を占める結果となりました。じつに57%の保護者が「何かしらの学習まんがを読ませていた／読ませようとしていた」という回答をしており、学習系のまんがだと保護者も読ませやすいということかもしれません。

まんがでも読解力は鍛えられる

「文章を読むこと」と「まんがを読むこと」は、「読解をする上で同じようなメカニズム」だという研究もあり、思っている以上にまんがは高度な読解力が要求されるとされています。まんがと文章では表現の形式や入ってくる情報の種類が異なりますが、

「文脈を理解する力」「起こっている出来事を整理する力」は同じように必要だとされています。まんがでもコマとコマの関係性や文脈を理解することが求められ、読解力は高められるのです。

小学生にとっては小説などよりも、まんがのように絵とセリフで書かれていたほうが抵抗感も少ないでしょう。そのため、読書の習慣がない場合は、まずはまんがで読む習慣をつけるのがおすすめです。まんがを継続的に読むことで物語の世界に没入し、その中で読書と同じような「世界観の把握」「出来事状況の整理」「登場人物の関係整理」などのスキルを高めるということでもさしつかえないのです。そういった点では、ストーリー性のある連載まんがなどがよいですが、ギャグまんがなど興味をもったものから、少しずつストーリー性のあるものをすすめてみるのでもよいでしょう。

読書習慣をつける

好きなものでいいので
読む習慣で
読解力を鍛える

小説でも　まんがでも

知らない世界を知るきっかけにもなる

文章より抵抗感が少ないということから、「特定の分野の詳細な知識に触れるきっかけ」としてまんがを使うのもアリです。たとえば医者・検事・弁護士などを題材にしたまんがであったり、歴史を題材としたまんが、宇宙を題材としたまんがを読むことで、その分野の詳しい内容やそこではたらく人に興味をもつきっかけになったりするということがあります。『ブラックジャック』を読んでお医者さんになりたいと思いました！」『宇宙兄弟』を読んで宇宙飛行士やロケットに興味をもちました！」といったことがその典型的な例でしょうか。興味を広げるきっかけとして、いろいろなまんがに触

まんがを活用

「親しみやすさ」を活用して世の中を知る入り口にする

れさせてあげるといいでしょう。「お父さんも子どもの頃に読んでいたよ」のようにすすめてあげるのもよいでしょう。

学習まんがは東大生にはもはや定番

東大生の親が読ませていた、という学習まんがで圧倒的に多数を占めたのが「歴史まんが」でした。冊数が多いため、すべて買いそろえるのは大変という声もあり、祖父母の家にあった、とか図書館で借りて読んでいた、という人も多くいました。定番のものはやはり小学館の歴史まんがで、冊数も多く充実しています。ほかにも角川、集英社など、歴史まんがを発行している出版社はありますが、少し異色なのが学研の「日本の歴史」「世界の歴史」シリーズです。学習参考書の出版に定評のある学研ならではの充実した年表や資料に加えて、まんがのテイストも昨今のトレンドに合わせてつくられているのがわかります。

また、多くの東大生が読んでいたのが小学館の「ドラえもんの学習シリーズ」です。ドラえもんのキャラクターたちがさまざまなことについて解説したり、実際に体験したりしているまんがで、これまでに140冊以上が発行されています。アンケートで挙げられていたのは「ことわざ」「四字熟語」など国語のシリーズや「歴史人物伝」などの歴史ものが多く、ほかに「理科の実験シリーズ」なども挙がっていました。小学校の科目毎に「国語おもしろ攻略」「社会科おもしろ攻略」「音楽おもしろ攻略」といった形で書かれているため、苦手科目の入門書として使うのもよいかもしれません。

アンケートではほかにも、朝日新聞出版の「科学漫画サバイバルシリーズ」など、社会問題や科学技術などを扱ったものも多く見られました。

まんがというと「勉強のじゃまになるもの」という固定観念をもたれがちなのですが、興味を広げる手助けになるだけでなく、苦手科目の克服や読解力の向上にもつながります。ぜひ子どもと一緒に探してみてはいかがでしょうか。

おすすめの学習まんが

- まんが『日本の歴史』『世界の歴史』（小学館、学研など）
- 「ドラえもん　おもしろ攻略シリーズ」（小学館）
- 「ちびまる子ちゃん　満点ゲットシリーズ」（集英社）
- 「科学漫画サバイバルシリーズ」（朝日新聞出版）
- 「学研まんが 日本の古典シリーズ」（学研プラス）

CHAPTER 3
32
THEME

スポーツを楽しんで、脳の発達&自己肯定感アップ！

読書をしたり、図鑑を見たりしていた東大生は、「そんなに運動はしてないのでは？」「家にこもって勉強ばかりだったのでは？」と思う方もいるかもしれません。私の場合はそもそも「自分は運動が苦手」という自覚があったので、あまり運動が好きではなかったのですが、それでも野球部に入ったり、器械体操教室や卓球教室に行ったり、朝からテニスをしたりと、週3回くらいは体を動かしていました。今回はスポーツについてのアンケートと「体を動かすことのメリット」について見ていきましょう。

Q 何かスポーツをしていましたか?

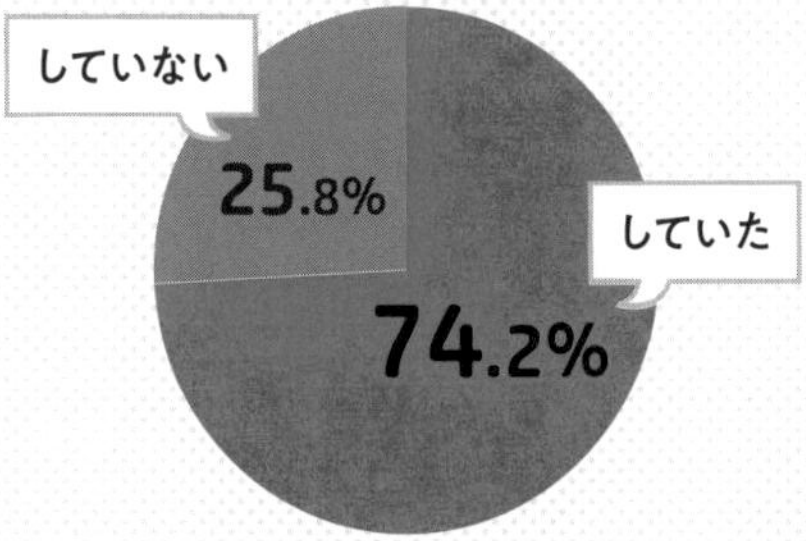

Q していたスポーツはなんですか?

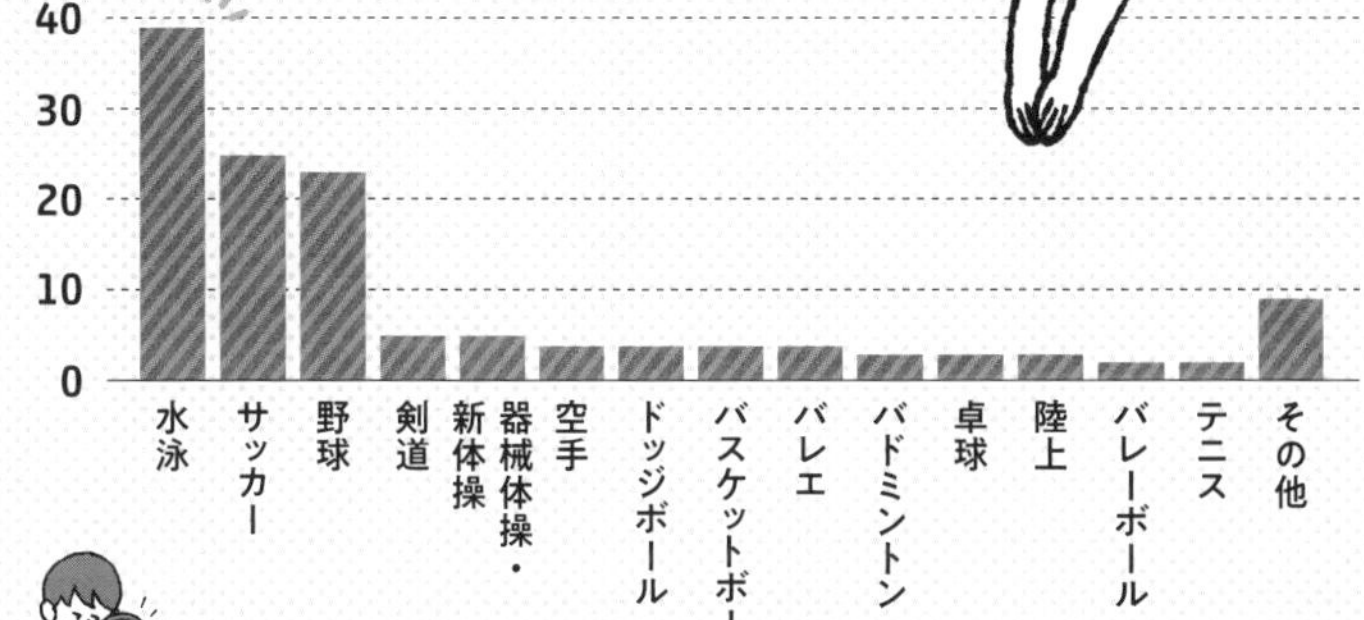

DATA

4分の3が「何かスポーツをしていた」と回答! いちばん人気は「水泳」!

東大生へのアンケートでは、「何かスポーツをしていた」という人が74.2%という結果になりました。そのうち人気があったスポーツはダントツで「水泳」、ついで「サッカー」「野球」でした。

東大生に「何かスポーツをしていましたか？」という聞き方で尋ねると、およそ4分の3が「していた」と回答していました。「普段校庭で遊ぶ」といった回答は含まれないため、休み時間なども含めて体を動かしていたという人はこれよりも多いと予想できます。ちょうど今回対象とした東大生が小学生頃の調査では、小学3、4年生で「定期的にしていた運動やスポーツがある」と回答した割合が全国平均で72％ほど（「ベネッセ教育総合研究所」２００９年）であることからも、一般的な小学生と同じくらいは、何かしらの運動をしていたことがわかります。種類別では「水泳」「サッカー」「野球」といったスポーツ系の習い事の定番がダントツで上位でした。特に水泳は、泳ぎに対する苦手意識をもたないようにプールに慣れさせたいということが理由になるでしょう。回答の中には「水泳・サッカー」「野球・ドッジボール・水泳」「バスケットボール・バドミントン」というように複数のスポーツを回答している人も多く、「いろいろなスポーツに触れさせる」という傾向もあるようです。

スポーツをするメリットは数え切れないほどありますが、ここでは特に10歳頃にスポーツに取り組むメリットと、どのくらい取り組むか、何に取り組むかということに触れていきましょう。

10歳から12歳頃までの子どもは「ゴールデンエイジ」と呼ばれる、ということを聞いたことがある方も多いのではないでしょうか。この時期は神経回路が完成に近づく時期であり、そのため筋肉を動かす神経を活発に刺激しておくことで、運動能力が向上しやすいとされているのです。また、子どもが技術を習得しやすいともされていて、この時期に多様なスポーツを経験しておくことで運動能力や基本的な体力が備わりやすいと言われています。

体力がつけば運動も続くようになり、運動を続けることで病気になりにくくなるという好循環が生まれるので、スポーツ以外の活動においてもプラスになります。そして、このゴールデンエイジに運動をしておくと、学習面でもメリットがあるのです。

10歳前後の発達

10歳前後は運動神経や脳が発達しやすい時期

ゴールデンエイジには運動神経のみではなく、当然脳の機能も急激に発達します。この時期に体を動かしていろいろな刺激を受けておくことで、脳の機能も合わせて発達し、いろいろなことを整理して必要なときに引き出したりする力が備わるのです。

スポーツで自己肯定感を高める

何より大きいメリットは、スポーツが「自己肯定感を高める」機会になり得るということです。これはスポーツで実際に体を動かすことによっても、団体競技のスポーツで自分の役割をまっとうすることによっても身につきます。私の場合、野球部ではつねにベンチにいましたが、試合ではいつもいちばん声を出していました。それにより、「声出し要員」「ムードメーカー」のポジションを確立し、監督から信頼してもらえるようになりました。この信頼が自己肯定感につながったのです。また、練習することによって「できないことができるようになって楽しい」という感覚を得られます。この「できる」という感覚や「役割がある」という意識が、自己肯定感を育くみ、ひいてはチャレンジする際の原動力になります。

達成感が自己肯定感をうむ

練習する

↓

できなかったことができるようになる

ここからは「スポーツ」や「体を動かすこと」をどのくらいの頻度でやるとよいのか、そして、どう子どもに体を動かすよう促せばよいのか、まとめていきましょう。

東大生のアンケートで「スポーツをしていた」と答えた人に頻度を尋ねたところ、「週1回」という回答が30・4%、「週2回」が34・8%で、せいぜい週1〜2回という結果でした。頻度よりも「定期的にスポーツをする」こと自体が大事ですから、無理をさせる必要はありません。むしろ、週1回でもいいので何かやることが重要なのです。私の場合は小学3年生までは器械体操を週に1回、4年生以降は部活で週2回野球、5年生からは週に1回卓球をするという感じで、スポーツに触れていました。卓球は友人もいて楽しかったので続けていたという面も大きく、「やっていて楽しいから」「自分にもできそうだから」などの理由でも継続の理由になります。

やる競技も何でもよいので、むしろ最初はいろいろなものに触れさせてあげるといいでしょう。合わなければやめればよいだけですから、それよりもいろいろなことに触れさせてあげて、楽しく続けられるもの、自分に合うと思ったものを選ばせてあげるほうが大事です。スポーツが苦行になってしまっては、逆に自己肯定感を損なう結果になってしまいます。何より楽しく体を動かせることを第一に考えて、一緒に決めるようにしましょう。

東大生に聞いた「スポーツをしていた頻度」

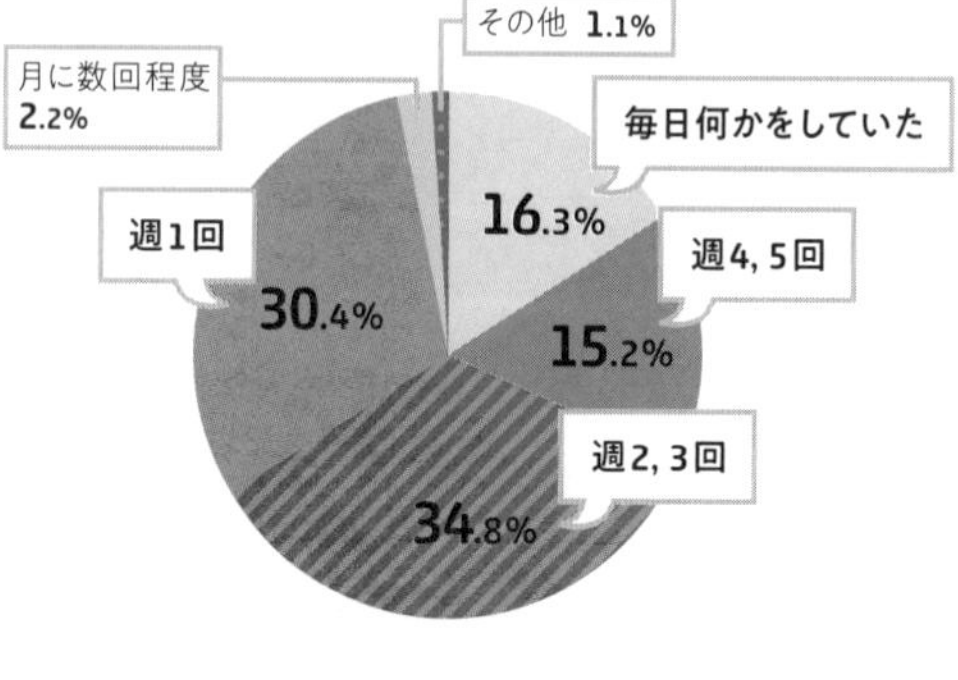

CHAPTER 3
33
THEME

博物館や美術館・科学館で「夢中になれるもの」に出会う！

私が小学生の時に行った場所で印象に残っているものに「博物館」があります。地元の博物館にはプラネタリウムがあり、定期的に連れて行ってもらっては、そこで見た星座をその夜に空を見上げて探したり、図鑑で探したりしていたのを覚えています。今でも博物館や科学館にはワクワク感を覚えます。

ここでは東大生へのアンケート結果をもとに「博物館や美術館にどのくらい行っていたのか？」ということを分析しつつ、「博物館」「科学館」や「美術館」で視野を広げることのメリットなどに触れていきましょう。

Q

博物館や美術館、科学館にはどのくらいの頻度で行っていましたか?

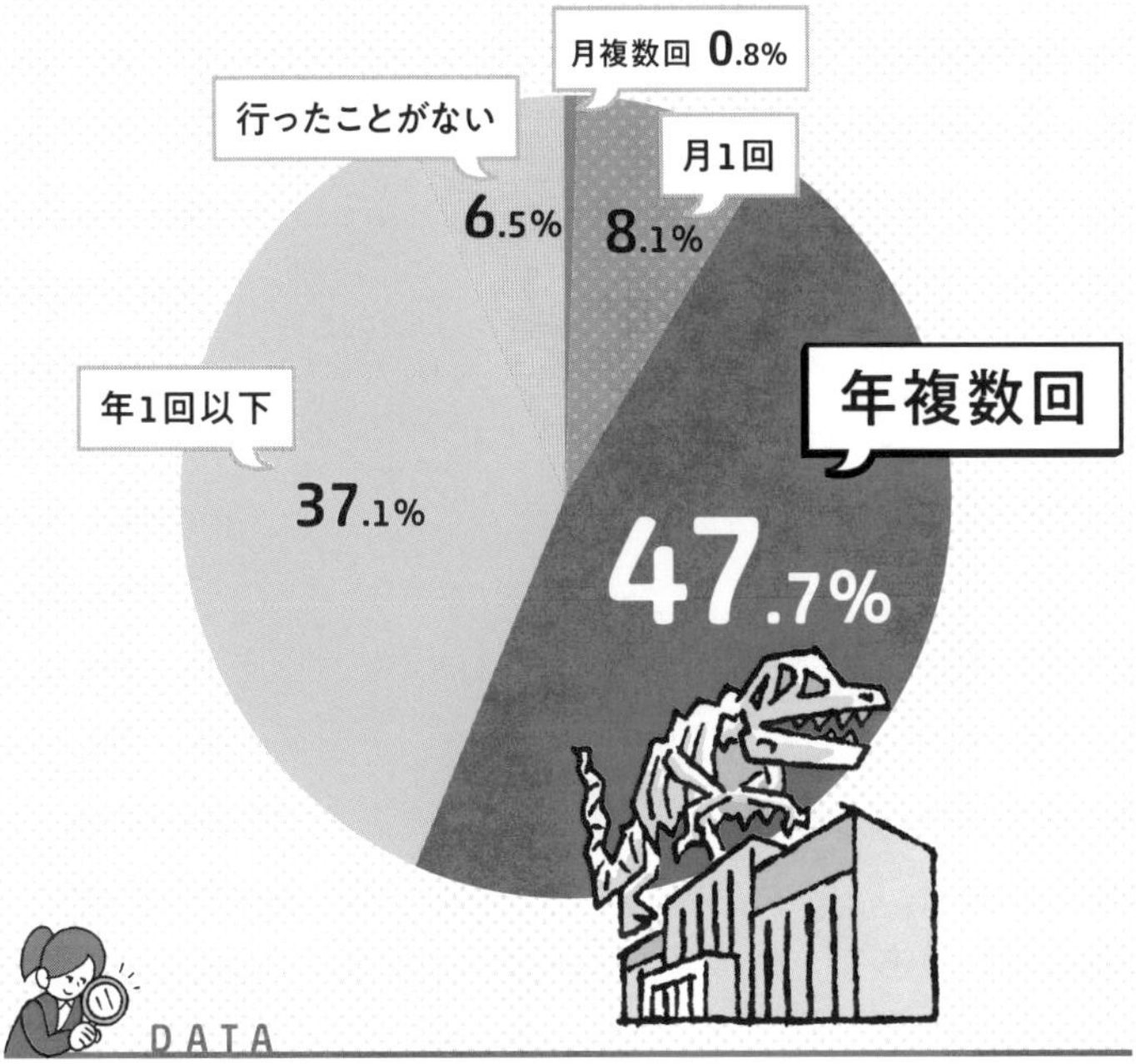

DATA

半数以上が「年複数回」行っていたという結果に! 中には月に複数回行く人も。

東大生へのアンケートによれば、「行ったことがない」という人は6.5%にとどまり、半数以上の56.6%が「年複数回」行く、という回答をしていました。

東大生の半数以上が「年に複数回」は博物館や美術館、科学館に連れて行ってもらっていた、と回答しています。「毎月行っていた」という人も10％近くいるというのも驚きです。私の場合は、プラネタリウムのプログラムが変わるたび、だいたい季節ごとに地元の博物館に行っていた記憶があります。常設展であっても毎回新鮮に感じ、行くたびに新たな発見を得て帰ってきました。

博物館や美術館、科学館に子どもを連れて行く意義は「子どもの教育によい」「子どもが芸術や文化に触れられる」という点が挙げられますが、ここでは「子どもの視野を広げる」という点も含めて総合的に見ていくことにします。くりかえし触れてきたように、子どもの視野を10歳頃になるべく広げておくこと、いろいろなものに触れさせることで、その興味をさらにに自分で掘り下げたり、わからないことを自分で調べたりするという勉強の下地が身につきます。さらに「自分はこのことが好き」「自分はこの分野には詳しい」という肯定的な感情が自信になり、それが自己肯定感の獲得につながります。ちょっとしたことで周囲と自分を比較し、自信を失ってしまいがちな時期だからこそ、小さな自己肯定感の積み重ねが重要となります。

子どもの好奇心を刺激する

博物館や科学館は、視野を広げる上で格好の材料がそろっているので、連れて行くだけでも十分な効果が期待できます。博物館であれば、科学技術に関する展示、歴史や習俗についての展示、生態系の展示、地域についての展示などさまざまあり、加えて体験型の展示もあります。子どもにはなるべく「これはね……」と上から話すのではなく、子どもと同じ目線で、「一緒に学び、新たな発見や感動を共有する」という姿勢を意識しましょう。子どもが体験コーナーにしか興味を示さなくても、無理にすべての展示を見て説明を読ませるなどの「強制」をする必要はありません。遊び半分でもよいので、いろいろなものに触れて知らないことを知るという経験から「知ることって楽しい!」という感情が芽生えます。そして、その経験はやがて「ほかにも色々知りたい!」という好奇心につながっていきます。もし、どうしてもより詳しく学んでほしいという場合は、博物館によっては学芸員が小学生向けの解説プログラムを実施していることもあります。特に夏休みなどはそうしたイベントが多く実施されているので、そうしたプログラムを利用するとよいでしょう。

美術館も同様に興味を広げるのにうってつけの場所です。これも場合によっては小学生向けのプログラムが開催されていることもありますし、直接触れることができる展示が集められている場合や、有名なアニメ・漫画の原画展が開催されている場合もあります。必ずしも「歴史的な名画」「有名な作品」でなくてもよいのです。どんな作品でも「この絵に描かれていることは何だろう」「どういう情景が描かれているんだろう」という想像をはたらかせることにつながります。作品についての解釈などは気にせず、自由な発想を促すほうがアート的な思考力を磨くことにもつながります。

こうして興味を広げることは単純な好奇心の育成だけでなく、勉強に対する意欲にもつながります。博物館や科学館で展示されているものは、小学校の理科や社会で習うこと

干渉し過ぎず、子どもと一緒に
驚いたり学んだりしながら楽しむ

や「総合的な学習の時間」で実施するような郷土への理解につながることが多く、授業で出てきたときに「博物館で見たことある！」「科学館で説明を聞いた！」と、知識を活かせるメリットがあります。このように「実際に見たり、自分で調べたりして知っていたこと」と「学校で体系立てて習うこと」が紐づく経験をすると自信につながり、勉強に対してより前向きに向き合うことができるようになります。「知ることは楽しい」とわかること、「学校の授業でやっていることは、実際の世界だとこういうふうに起こっている」と知ることは、子どもの知的探求心に大きくプラスにはたらきます。そして、あとで見たことを図鑑やインターネットで調べたり、子どもと感想を話し合ったりすることで1回の博物館や美術館、科学館の見学はより有意義にできます。

1
科学館で目にしたものが…
2
理科の授業に出てくることも
3
理解が深まりさらに興味をもつように！

CHAPTER 3
34
THEME

ゲームで思考力・探究心向上!

コンピュータゲームは、テレビゲームや携帯ゲームだけでなく、スマートフォンのゲームアプリなどもあり、たいへん人気を博しています(以下まとめてゲームと呼ぶ)。すると、親としては子どもにゲームをさせていいものか、時間は制限したほうがよいのかなど悩んでしまうこともありますよね。実際、私のまわりの東大生たちも「全くやらせてもらえなかった」派と「好きなだけやらせてもらえた」派に分かれているようでした。私個人としては、ゲームで「一つのことに集中する」といった力がついたと思っていますが、実際のところどうなのでしょう。東大生とその保護者にゲームについてどうしていたか聞いてみました。

Q

ゲームはどのくらいの頻度でしていましたか?

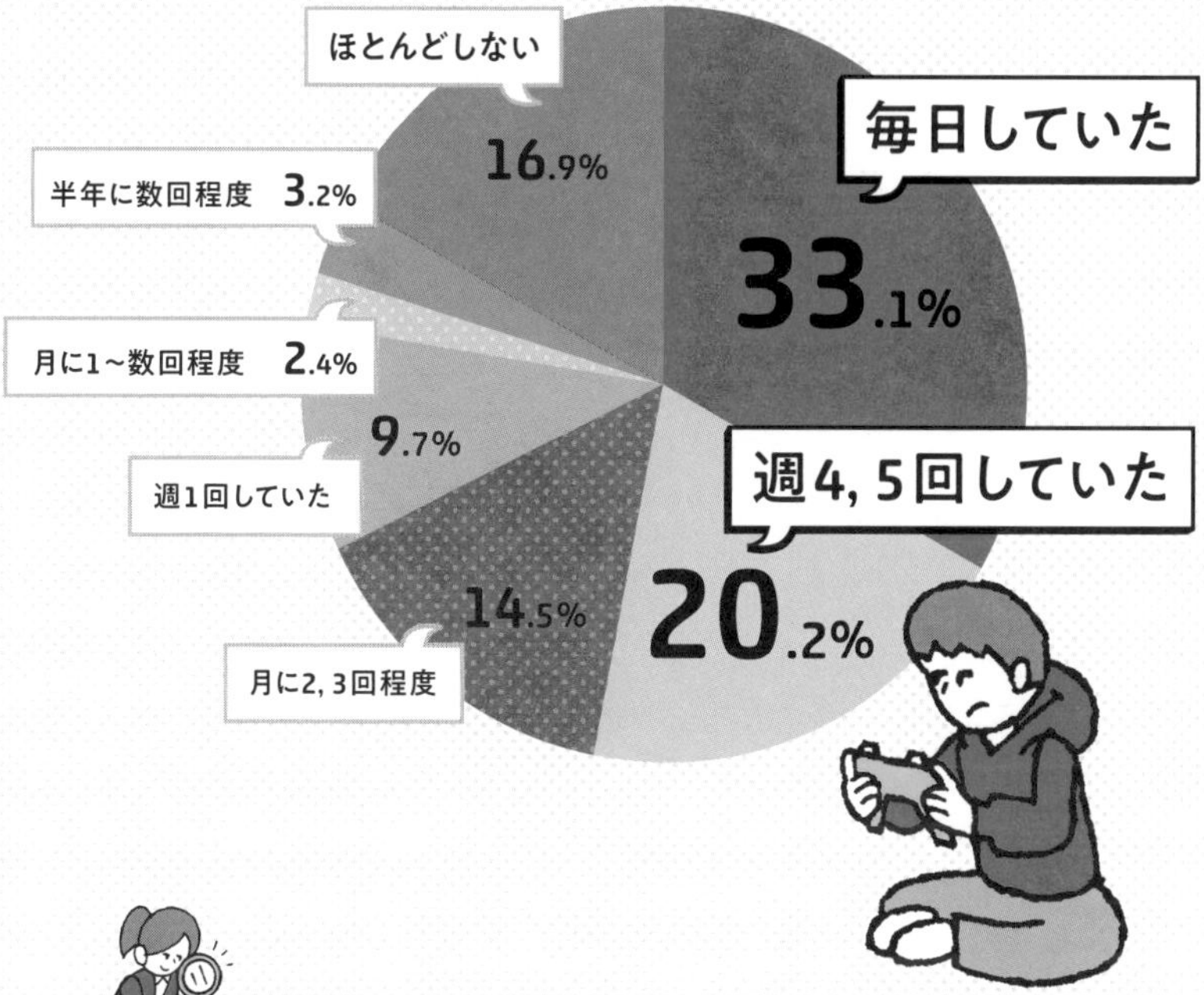

DATA

過半数が「週4回以上はゲームをしていた」!
でも、親の本音はあまりやらせたくなかった?

東大生へのアンケートでは「週4回」以上ゲームをしていた人が53.3%、全体の33.1%は「毎日」ゲームをしていたと回答していました。保護者の自由回答では「ルールを設ければやってもよい」という意見のほか、「本当はやらせたくはなかった」という意見も目立ちました。

東大生へのアンケートでは、意外と多くの人が「毎日していた」と回答しました。私の場合も買うゲームや遊ぶ時間は制限されていましたが、休みの日は2〜3時間ゲームをしていました。それでもつい熱中し過ぎて、たびたび親に怒られていたような気もします。多くの東大生がゲームをしていたという結果を見ると、「ゲームをやっている＝成績が下がる」という図式は必ずしも成立しなさそうですが、やはり保護者からすると「できればさせたくない」「本当はやってほしくなかった」というのも正直なところなのでしょう。

ゲームが「悪いもの」と思われがちなのは、「画面の見過ぎで視力が落ちる」という懸念もありますし、「ゲームをすると成績が悪くなる」と考える方もいるかもしれません。しかし、「ゲームをすること」と「成績が悪い」ということに直接の因果関係は発見されておらず、「ゲームによって勉強時間が減ってしまうために、成績が下がる」のだと言われています。必要な勉強時間を削ってまでゲームに熱中してしまっているとたしかに勉強についていけなくなってしまい、成績が下がるのも当然でしょう。アンケートでも、「宿題はちゃんとやっているから特に何も言わなかった」「時間を守っていれば好きにさせていた」という意見がありました。

子どもにゲームをやらせることについてどう思っていましたか?

CHECK!

賛成

楽しそうにしていたので、視力が落ちない程度に楽しめたらいいと思っていた。

時間制限など納得させた上で、好きにさせる。やりたい気持ちを抑えて勉強しても身が入らないので…。

集中力は養えるかと思う。

反対

小中学生の間は誘惑が多いのでさせないほうがいいと思う。

できるだけ、始める年齢を遅くしたいし、できたらさせずに育てたいと思っていた。

その他

ある程度はいいが、やはり子どもなのでキリなしでやってしまう時もあり、困った。

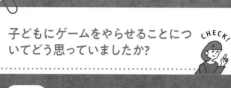

ゲームで身につく力もある

私は、子どもがゲームをやりたがっていれば、ルールを決めた上でやらせてもかまわないというスタンスですが、それには理由があります。やはりゲームを通して身につけられるスキルがいくつもあると思っているからです。その一つは、スポーツや読書、マンガと同様「何かに熱中する経験」を得られるということです。THEME28でも触れたように、ゲームも一つの趣味と考えれば、「これをやっている時間がいちばん楽しい」「もっと極めたい」という意識が強まり、自然と探究心を高めることにつながります。一つのことに熱中することは集中力を高める効果もあります。事実、たとえ楽しいゲームであっても集中力が続かない子どもは数分で飽きてしまうことがあります。好きなものを見つけてそれに打ち込めるということは、それだけ「やりぬく力」をもっているということの証左でもあるのです。ゲームによっては自分で作りたいものを作ったり、プログラミング的な思考力を養えるようなものまであり、そうしたゲームに熱中することで自己表現力や創造力を育むことにもつながるでしょう。

ときには攻略本を読み込んで、試行錯誤する場面も

ほかにもゲームで身につく力としては、「問題解決力」が挙げられます。ゲームには、そのゲームを進めていく方法を解説した攻略本や攻略サイトがあり、私も攻略本で攻略法を調べたり、友達と情報共有をしたりしてステージを進めていったことを覚えています。アンケートでも、77%が「攻略本を読んでいた」と答えているように、攻略本や攻略サイトから「必要な情報を見つけて」「それを実際にやってみる」という過程は、受験勉強とも重なる部分があります。受験は「情報戦」とも言われるように、志望校に応じて必要な情報を探し、どういった対策が必要か、どういった教材に取り組み、どの模試を受けるかなどを模索することを要求されます。この際

東大生に聞いた「攻略本を読んでいたか」
（ゲームを「週1回」以上やっていた人）

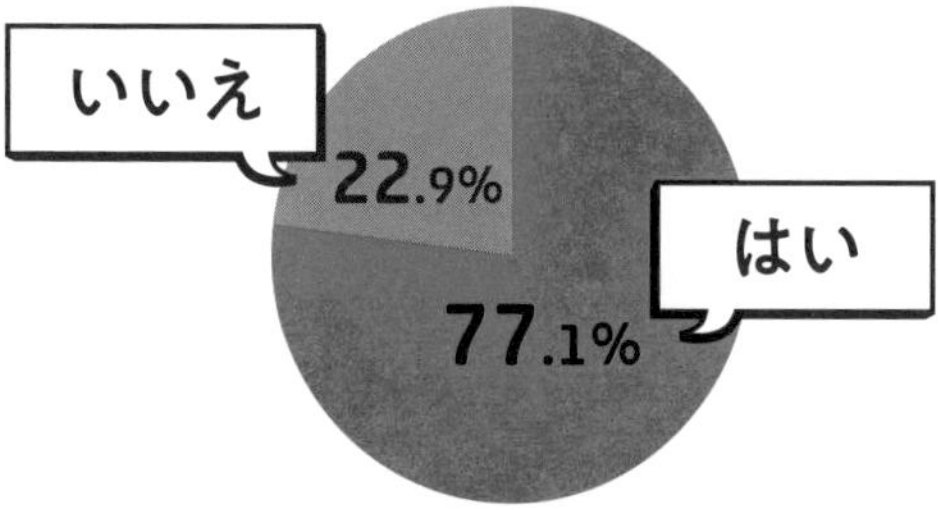

に求められるトライアンドエラーの思考は、ゲームにも受験にも通じるのです。読書などでは養うことが難しく、ゲームだからこそできる部分が、この「問題解決能力」の向上でしょう。

問題解決能力を養う

ゲームをするときは
攻略方法を考え、調べ、
試してみて、解決していく

その過程で問題解決能力が
養われる

ルールを決めて、ゲームとうまく付き合う

ゲームをすることで得られることもたくさんあるとはいえ、ルールを決めることは必要です。アンケートの結果では、「1時間程度」が最も多い結果となり、「3時間以上」となると極端に減っていました。3時間を超えると睡眠時間や勉強の時間に影響するので、どんなに熱中していても「1日1~2時間まで」といったルールにしておくのがよいでしょう。

ほかにも、「友達の家に行ったときだけやってよい」とか「夕食の後はやらない」といったルールを設けているという回答もありました。特に小学生の間は、ゲームの内容に純粋に夢中になるというよりも「友達との共通の話題として」やることも多いのです。友達と一緒にゲームで遊ぶ時間はなるべく制

東大生に聞いた「1日のゲームプレイ時間」

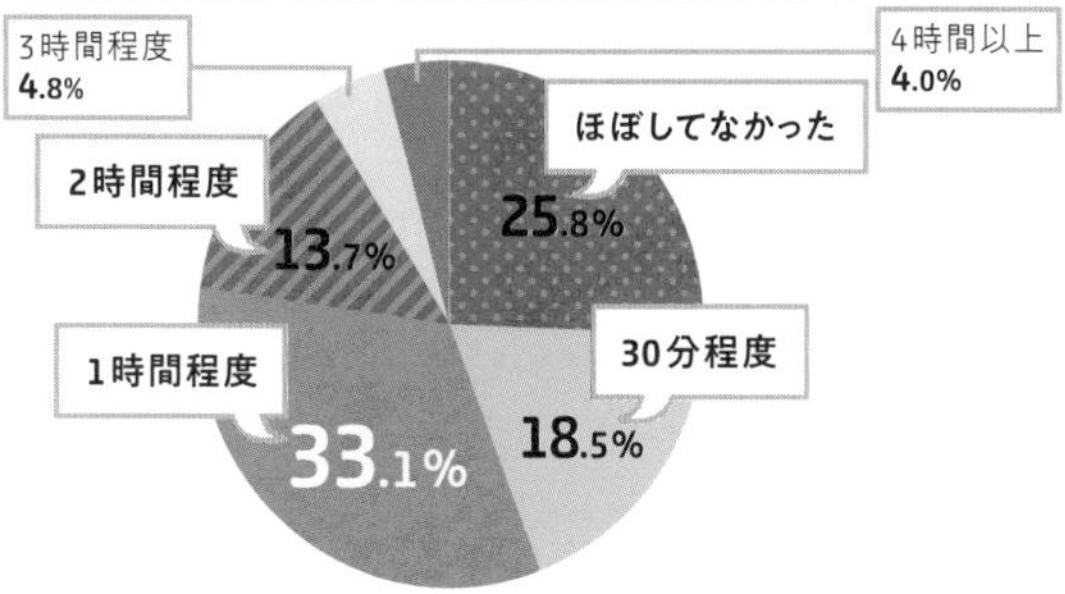

限しないほうが、友人関係を築きやすくなるでしょう。ただし、「1人では全くやらない」となると、先ほど述べたような「探究する力」や「試行錯誤をして問題解決に導く力」は得られにくくはなってしまいます。

また、「宿題を終わらせてからやる」と「夕食の後はやらない」のルールもおすすめです。これにより、ゲームをしたければ早く宿題を終わらせることになります。また、夕食後にだらだらとゲームをして夜更ししてしまうのを防げます。子どもを縛ることもなく、ゲームのメリットを最大限享受しながら、勉強とのバランスをしっかり取ることができるルールです。どうしても熱中するとほかのことが見えなくなってしまいがちなのがこの時期の子どもです。あらかじめルールを決めておいて、その範囲内であれば咎めない、という運用のしかたが無難で、最も良いゲームとの付き合い方でしょう。

Creating Self-Motivated Learners : How to Develop Your Self-Confidence and Broaden Your Horizon

CHAPTER 3
35
THEME

習い事は何でもOK！ポイントは「散らかす」→「絞る」

英　会話教室については、すでにTHEME06で触れましたが、スポーツやピアノなど、ほかの習い事についてはどうなのでしょうか。ポピュラーな習い事というとピアノや書道などのイメージがあるかもしれませんが、実際そういった習い事をしている人が多いのでしょうか。また、おすすめの習い事はあるのか、習い事をやることのメリットは何か、などについても触れていくことにしましょう。

Q

子どもにどんな習い事をさせていましたか?

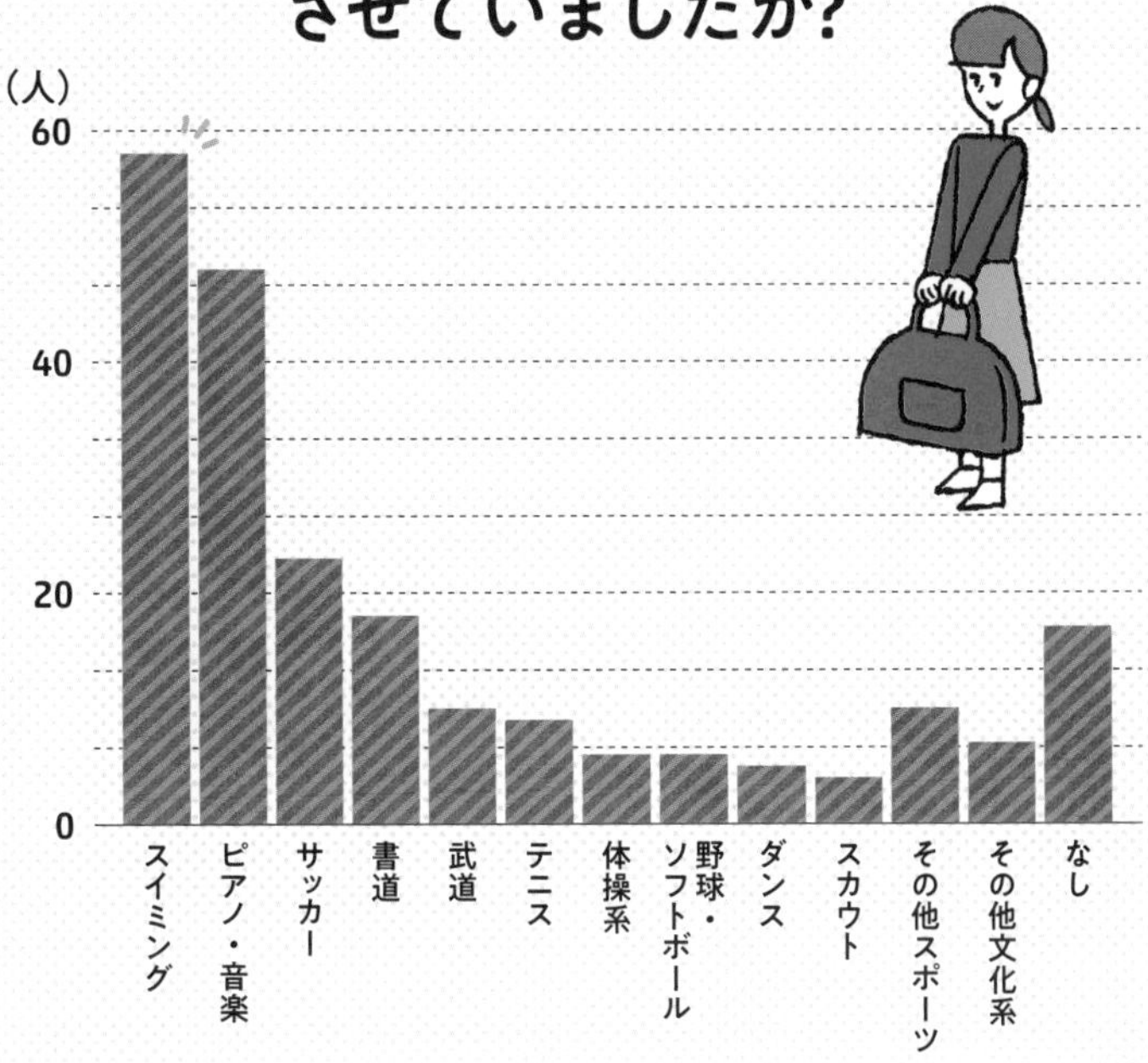

※「くもん(9)」「英会話教室(22)」「そろばん(10)」「学習塾(15)」は回答から除外

DATA

「スイミング」「ピアノ」が圧倒的多数! 平均1.65種類の習い事をやっていることが明らかに。

東大生の保護者へのアンケートでは、「スイミング」「ピアノ」などが多数でしたが、挙げられた習い事の種類は実に30以上に及び、平均1.65種類の習い事をしている結果となりました。

アンケートからはいろいろなことが浮かび上がってきましたが、注目したいのは「平均で1・65種類の習い事をしている」こと、「習い事の種類も30以上に及んだ」ことでした。今回の集計では「学習塾」「英会話教室」など勉強系の習い事を除外しましたが、それらを含めた結果でも「習い事をしていなかった」という人は6人しかおらず、何かしらの習い事はしているのがほとんどという結果になりました。この結果を踏まえて、子どもにどのような習い事をさせてあげるのがよいのでしょうか。

習い事に通わせるメリットとして、「運動系であれば体力がつく」「文化系であれば集中力がつく」などがありますが、いちばん強調したいことが「視野を広げて夢中になれるものを見つけ、それに打ち込む」ということです。

習い事は基本的には「散らかす」→「絞る」の順番で選ぶとよいでしょう。ここでいう「散らかす」とは「いろいろな習い事を体験してみる/見てみる」こと、「絞る」とは「興味をもったもの、続きそうなものに絞っていく」ことを指します。正直、「どの習い事が合っているか？」といったことは、やる前からわかるものではありませんよね。それを見極めるには、いったん「散らかし」てから、興味のありそうなものに絞る」ようにするのがよいのです。もちろんこのやり方は負担も大きいのですが、子どもがどういう習い事に興味があるか、何かやってみたいことがあるかを見極める上では有効な方法です。

　東大生の保護者へのアンケートによれば、いちばん多く習い事をやっていたケースは「書道」「スイミング」「ピアノ」「そろばん」「美術教室」「ボーイスカウト」と6種類にわたっていましたが、これはすべて子どもの希望で行かせてあげたということでした。私の場合も小学校時代に「英会話教室」「器械体操」「卓球」「テニス」「サッカー」「スイミング」とさまざまな習い事を経験しましたが、1年以上続けたのは英会話教室・器械体操・卓球だけでした。「体験コースに行ってみる」や「1、2か月だけ通ってみる」というような試し方もしてみてはいかがでしょう。

1 散らかす

興味がありそうなものを
いろいろやってみる

2 絞る

続けられそうなもの、
興味が強いものだけに絞る

ときには「やめる」ことも必要

興味があったものでも、やってみたら意外とつまらなかった……、ということもあるかもしれません。このとき無理に続けようとする必要はありません。注力するものに良い悪いは原則存在しないのです。楽しめなかったのならばほかに楽しめるものを探せばいい、とポジティブに構えることが大切です。途中でやめてしまうことを「逃げ出した」と過度にマイナスにとらえたり、「続けた期間が無駄になった」と嘆く必要はありません。むしろ、この時期になるべくたくさんのことに触れて興味の種を蒔いておくことに目を向けましょう。さまざまなことに挑戦したという経験は、その後の人生の思わぬところで活かされることもありますので、「絞る」ことをためらわないようにしてください。

その代わり、「続ける」と決めたものは納得がいくまで継続させてあげるようにしましょう。「何かを続ける」という経験は、その後も一つのことに集中して取り組み、身につけていくことに通じるからです。多くの習い事では「ここまで上達すれば次の大会に出れる」「この技ができれば昇段できる」「この曲を弾ければ次のテキストに進むことができる」というように短期〜中期で目標設定がされていて、この「一つのことを継続して目標を達成していく」というプロセスから得られるメリットは計り知れません。「目標に向かって必要なことを練習し、目標を達成する」というステップアップを経験しやすいのが習い事なのです。そして「目標を達成できたとき」はおおいに褒めてあげましょう。目標を達成して、認めてもらうことは、自己肯定感につながり、その後の人生にプラスにはたらきます。「できるところまで頑張ってみよう」という「意欲」が強くなるのです。このことは、勉強はもちろん人生のさまざまな局面で役立つかけがえのない力となるはずです。

興味の種を蒔《ま》く

種蒔きは親も手伝えるが、育てられるのは本人だけ
芽が出ないものもあれば、芽が出て大きく育つものもある

CHAPTER 3

36

THEME

東大生は暗記するのが好き？

たまにテレビ番組で「東海道新幹線の駅名をすべて覚えている小学生」「世界の国旗をすべて暗記している6歳」などが「天才少年」と題して特集されていることがありますよね。こうした「何かに熱中して覚える」という経験を東大生はしていたのか？　というのが次のアンケートです。私の場合は何かを暗記することに快楽を感じて、「国名と首都の組み合わせ」や「読み方が難しい地名」、「有名な文学作品のフレーズ」を覚えようとしていた時期がありましたし、日本国憲法の前文を暗記していた時期もありましたが、意外と東大生の「あるある」なのではないかとも思い、アンケートで聞いてみました。

Q とことん暗記していたものはありましたか?

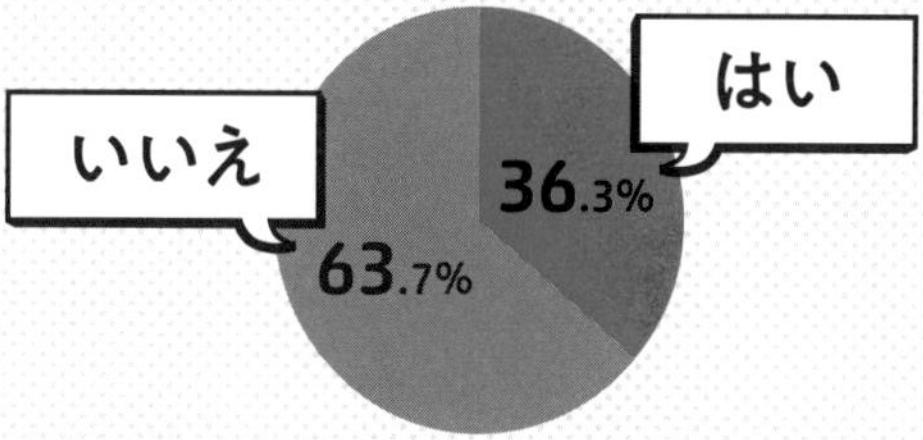

Q 暗記していたものの例

- □ 国名と首都名 □ 歴代内閣総理大臣 □ 元素記号
- □ 都道府県の面積の順位 □ 都道府県庁所在地 □ 国旗
- □ 市町村名 □ クラシックの曲名と作曲家の組み合わせ
- □ 名城線の駅名 □ 小田急線の駅名 □ 虫の名前
- □ 2の累乗を30乗まで覚えた □ 円周率 □ 道路標識
- □ 歴代将軍の名前 □ 古文

など……

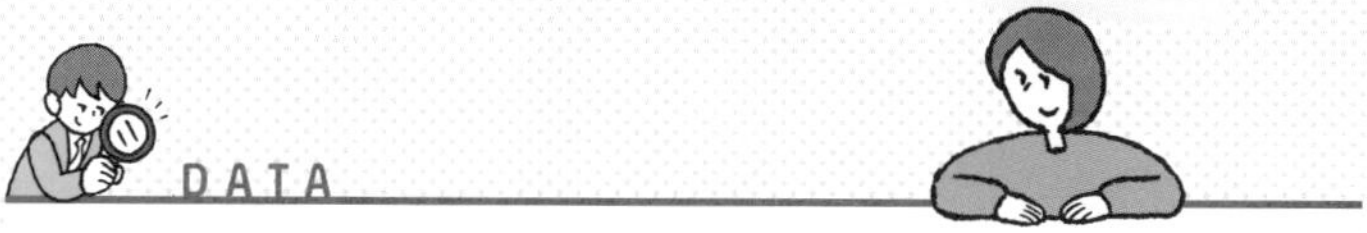

DATA

3分の1が、とことん暗記していたものがある!

東大生へのアンケートでは36.3%が「とことん暗記していたものがある」と回答、内訳としては「国名」「国旗」などが多く、駅名や地名なども見られました。

アンケートの結果、東大生の実に3分の1が「とことん暗記していたものがあった」と回答していました。その内容は「国名」「首都名」「都道府県庁所在地」「道路標識」「2の累乗」と多岐にわたり、なかには「そんなものまで?」と思うようなものも興味をもったならば、とことん覚えようとする人がいることが伺えます。私が日本国憲法前文を覚えたのは、小学3年生のときに担任の先生が「暗唱詩文集」という形で有名な詩歌・文学作品をまとめてくれていたからでした。この中の最高難度だった「日本国憲法前文」にたどり着くようにひたすら暗記していたというわけです。こんな些細なきっかけでも、その後の授業で憲法を扱うときの役に立ちました。結局、その後の小学校の文集の夢に「政治家」と書き、大学も法学系に進むというのも、じつはこの暗記の影響があったのかもしれません……。

きっかけは何であれ、「覚え始めるうちに次第に興味を深め、もっと詳しく調べるようになる」というケースは多いようです。人によっては「覚えることそのものが楽しい」と感じるようになることもあります。「こんなにたくさんのものを覚えている」と達成感を感じた経験からは「学ぶことの楽しさ」「知ることの楽しさ」が得られるので、子どもが暗記に夢中になる素ぶりを見せたらぜひ積極的に応援してあげてください。くれぐれも「そんなことを覚えてどうするの?」「そんなこと覚えるくらいならもっと役に立つものを覚えなさい！」と言わないようにしましょう。

good
覚えるのが
ただ楽しいだけ
それでOK
3.14159265358979323846…

歌で覚える、パズルで覚えるなど、楽しみながら

少しでも「何かを覚えてみること」に興味をもってもらうには、きっかけを与えてあげることも重要です。きっかけは何でもよく、国旗が描かれたポスターを貼ったり、本や図鑑を置いておいたりしてみるのでもよいでしょう。

きっかけの中で、いちばん手軽なものは「テレビ番組」です。特にＮＨＫの教育テレビ（Ｅテレ）はおすすめで、私の頃には『にほんごであそぼ』で日本の古典や文学作品の話がよく出ており、毎日聞いて自然と頭に残っていました。ほかにも音楽の番組で鉄道唱歌に合わせて山手線の駅名を歌っていたものがあり、それを口ずさみながら自然と覚えていました。元素記号も『エレメントハンター』というアニメの歌で覚えていました。繰り返し聞いて口ずさむことは最も効率の良い暗記法です。

ほかにも、かるたのように「対になっているものを組み合わせるゲーム」をするのもいいでしょう。記憶の中でもこうした「対連合記憶」と呼ばれるものは、1対1で対応しているので覚えやすいですし、「思い出す」という作業が何度も起こるため定着しやすくなります。

ゲーム感覚で覚えられるものだと「都道府県パズル」「世界地図パズル」などもおすすめです。一人でできるのでいつでも取り組めますし、「都道府県名」と「都道府県の形」と対になって覚えられるので楽しく自然と身につきます。都道府県のパズルを見ながら「この県にゆかりのある偉人は誰かな？」「名産品わかるかな？」といった具合に話を膨らませてみたり興味をもつようであれば、そこからどんどん掘り下げてあげるといいでしょう。こうして覚えたことから少しずつ知識を深めていくことで、「わかるようになる喜び」を実感しやすく、学ぶことが楽しいと感じられる手助けとなります。

step 1

歌やゲームで覚える

step 2

さらに本などで
掘り下げる

おすすめの「覚えるきっかけ」リスト

教養系のテレビ番組

→何かを知るきっかけにしやすく、繰り返し見ることで記憶に残りやすい。

歌やリズムで覚える

→自然と口ずさんで覚えやすい。

パズル・かるたなどのゲーム感覚で覚える

→対になっているものを何度も思い出すことで記憶に定着しやすい。

CHAPTER 3

37

THEME

インターネットは興味を深める万能ツール。ルールを決めて使う

興味のあることをとことん調べる場合、スマホやパソコンを使って調べることも多いはずです。私の頃はスマホはもちろん、家で気軽に常時インターネットにアクセスできるような環境ではありませんでした。父親がいる日に1時間だけ、とか、夏休みの調べ物をするときに少しだけ、という形で使っていたのを覚えています。今回アンケートを取った世代は、インターネットが身近な存在になっていたはずですが、東大生はインターネットをどのくらい使っていたのか、調べ物をインターネットでしていたのかをアンケート結果から分析していきましょう。

Q インターネットを使っていましたか?

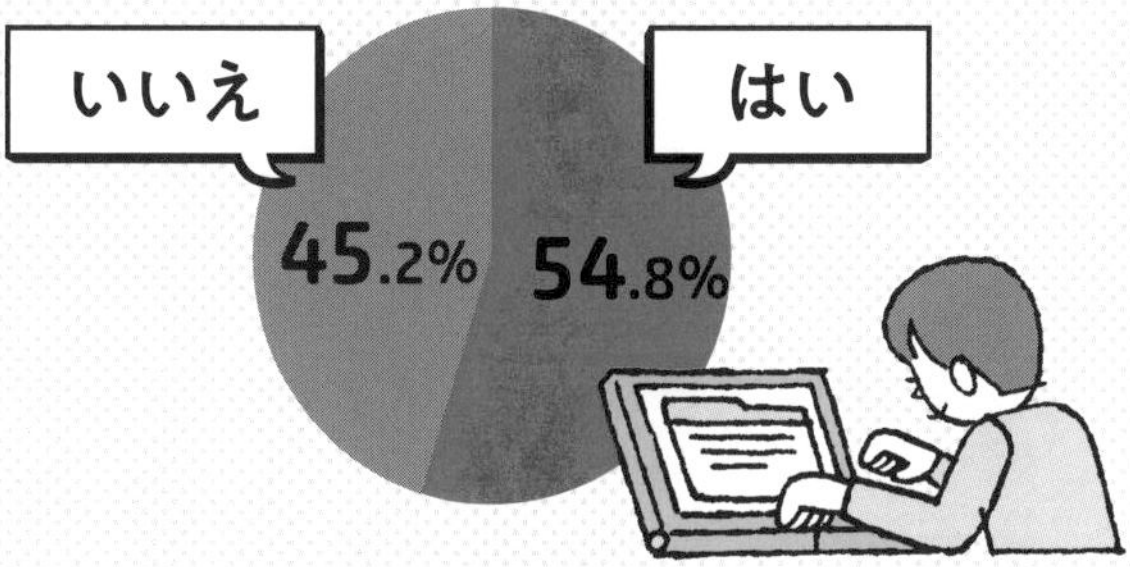

Q 携帯電話やスマートフォンは持っていましたか?

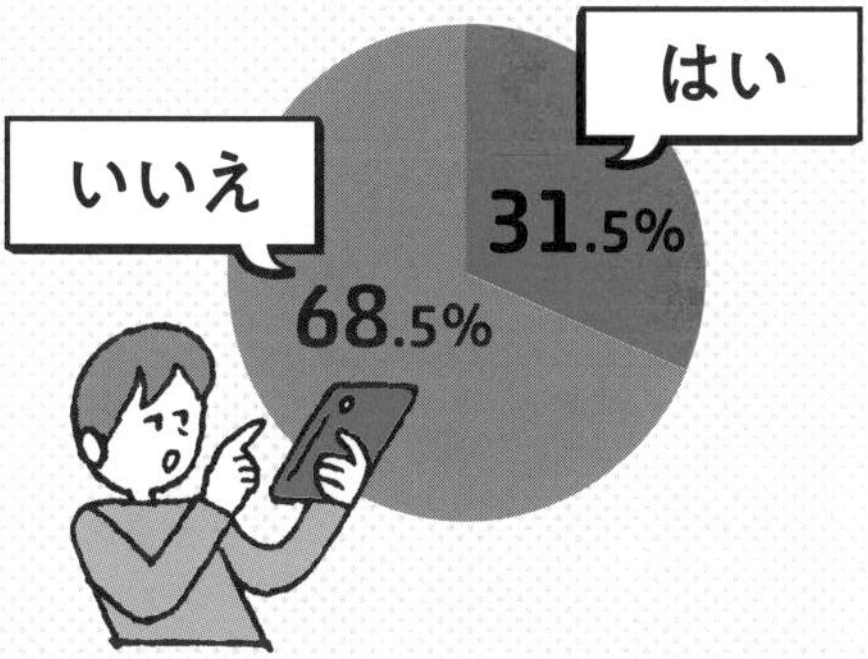

DATA

半数が「インターネットを使っていた」と回答。小学生の頃の携帯電話やスマホの所持率は3割。

東大生へのアンケートでは約半数が「インターネットを使っていた」と回答していました。携帯電話はまだスマートフォンは少ない時代でしたが、約3割が小学生時代から「持っていた」と回答しました。

アンケートでは、東大生が小学生であった頃、つまり２００８～２０１１年頃の状況を反映しています。この数字は当時の小学生にしては少し高いように感じます。「興味をもったもの、もっと知りたいと思ったことはどう調べていましたか？」という質問もしましたが、「インターネット」という回答が全体の3割程度挙げられたように、調べ物をする目的でインターネットを利用していた層も多いことが伺えます。それ以外のインターネットの使い道でいうと、今ならＳＮＳやＹｏｕＴｕｂｅなどが挙げられますが、東大生に当時のインターネット掲示板およびＹｏｕＴｕｂｅなどの動画共有サイトの利用率を聞いても、掲示板への書き込みは４％程度、ＹｏｕＴｕｂｅについても毎週見ると答えた人は16％程度に限られていました。ＴｗｉｔｔｅｒやｍｉｘＩ、ＹｏｕＴｕｂｅなどのサービスはすでにありましたが、東

インターネットの掲示板や不特定多数の人が見るSNSなどに書き込みをしていたか？（東大生アンケート）

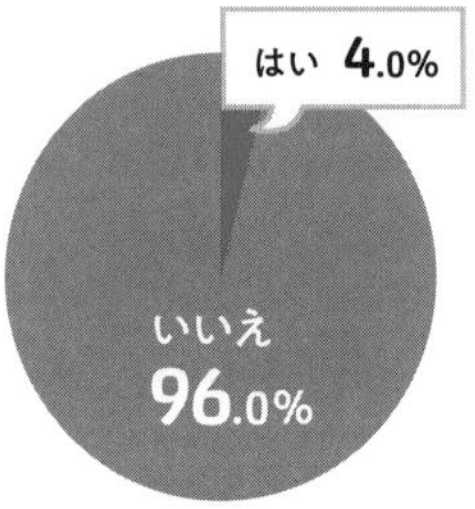

大生の毎日の生活にはそれほど影響しなかったようです。辞書や図鑑、本ではなくあえてインターネットで調べることによるメリットは、リンクするほかのページに移り、図鑑などではたどり着きづらい別の情報にアクセスできることです。私は今でも、インターネットで記事を読んでいると、どんどん別の記事にアクセスしてしまい、気づいたら1時間経っている……ということがあります。図鑑だと「同じジャンルのもの」はついでに見られますが、全然違う内容のものについて「これとこれがつながっているんだ！」といった発見をすることは稀です。そういった一見関係のない情報にまで手をのばすきっかけをつくってくれるという点が、インターネットならではの利点であり、本書の主題でもある、「いろいろなことに興味を広げる」ことと「一つのことを深く掘り下げる」ことの両方につな

東大生に聞いた「YouTubeを見ていた頻度」

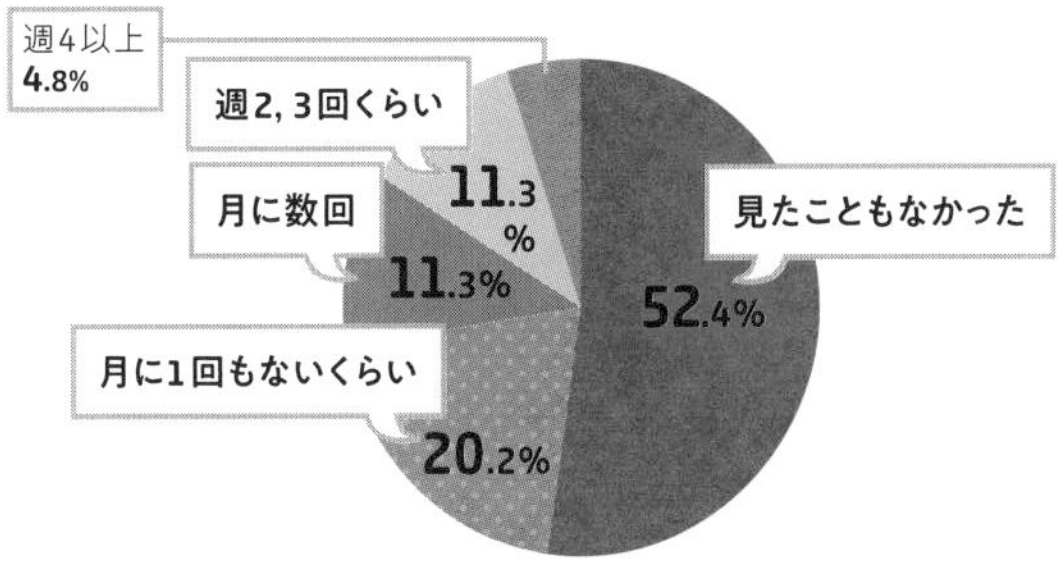

がります。

さらにインターネットは、動画や音声を手軽に再生できることも大きな利点です。より印象に残りやすい音や映像でのインプットが容易になるというのもたいへん有用ですね。

このように聞くと「すべてインターネットで調べればいいじゃないか」と思ってしまいますが、インターネットでは情報を手に入れやすい反面、「知りたい情報を手に入れるための検索の仕方」や「情報の真偽の見極め方」が求められるため、辞書や図鑑と比べると子どもだけの力ではハードルが高いことがあります。パソコンやスマートフォンを使い、インターネットで検索をする際は、どういう調べ方をしているか、どういうサイトを見ているか

アナログの情報

一つの情報に関することを
深く掘り下げやすい

デジタルの情報

一つの情報から、
全く異なるジャンルの
情報にリンクしやすい

というところを確認してあげたり、うまく調べられていないときに調べ方をレクチャーしてあげたりする必要が生じます。

インターネットに関して、親がいちばん気になるところといえば、やはり「ネット中毒」や「スマホ依存」でしょう。いくら調べ物などで使えるとはいえ、インターネットやスマートフォンの利用には誘惑もつきものです。時代の違いからか、東大生のアンケートでは小学生時代のインターネットの使用率はそれほど多くはありませんでした。単純にインターネットやスマホにかける時間が少なかったということです。調べ物だけでなく、趣味であってもインターネットやスマホなどを使う時間が多過ぎると、その分勉強時間を圧迫してしまうことになりますから、SNSやYouTubeの利用についても、ゲームや趣味と同じように必ず「ルールを設ける」ということが必要になります。「何かを調べる」「何かに申し込む」といった目的のときは「必ず親が一緒に見る」とか「親に何を調べたいか、何を見たいか話してから使う」といったルールがいちばん効果的です（私の場合はそのようなルールでした）。ほかにもスマホではアプリの使用時間を制限できる機能もついているので、そうしたツールも活用しながら**時間のルールを設けることで勉強や日々の生活に支障をきたさないよ**

うな利用を促しましょう。

さらにインターネット特有の問題として、SNSなどのオンライン上での他者とのやりとりが発生することで、トラブルが起こり得る、という懸念が挙げられます。オンライン上で他者と交流することは視野を広げる上でプラスの面もありますし、他人を思いやり、マナーを守るというスキルは今後の社会では必須になるものですから、ネット上での交流を「すべて完全に禁止するべき」というわけではありません。子どもが興味をもったのであれば、ルールやマナーを伝えて守らせて使用させつつも、身に危険が及ばないように「住所や家がわかる情報をネットに載せない」「直接会わない」などの細かいルールは設けるのが大切です。さらに、定期的

危険も伴うインターネット

インターネットの使用には、ルールが不可欠

に親が確認できるようにしておいたり、ペアレンタルコントロールなどを設定して、機能や時間を制限するのもよいでしょう。これも必ず子どもと取り決めをして、守るように定期的に話していくようにします。テクノロジーは時時刻刻と進化しているので、インターネット上のコンテンツは今後さらに発展し、その形態も多様化していくことでしょう。「便利さの影には危険がつきもの」ということに留意をしつつも、過度に遠ざけてしまうというよりは上手に付き合うためにフォローをしてあげるとよいでしょう。

CHAPTER 3
38
THEME

「育てる」ことで、行動力&責任感を養う!

興味をもったことを深める上で、「実際にやってみる」ことに勝る方法はありません。というのも、図鑑やインターネットで調べて知っているだけという状態と、実際にそれを手で触れてみたあとの状態とでは、得られる体験の濃度に埋められない差があるからです。その中でも得やすい経験が「生き物を育ててみる」「植物を育ててみる」などの「育てる」経験です。小学校の授業で朝顔などを育てた経験は誰しもみなありますよね? 私は食べたレモンの種を勝手にベランダの鉢植えに埋めたら、のちに立派な木になったのを覚えています。このように何か「やってみる」こと、「育てる」ことから得られる経験について考えていきましょう。

Q

学校以外で生き物や植物を育てたことがありますか?

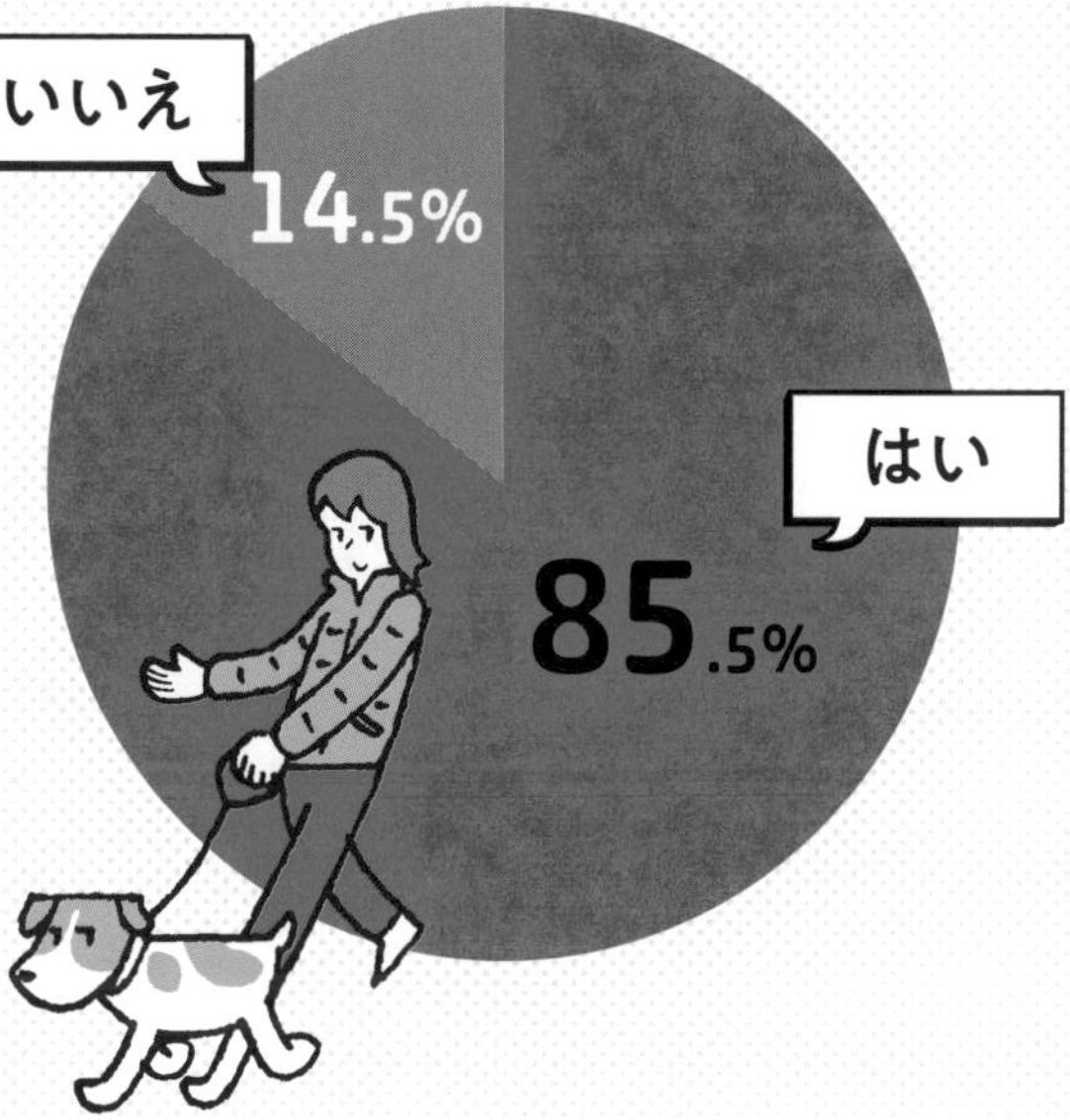

DATA

学校以外で何かを「育てた」経験は85.5%が「あり」と回答!

何かしらを「育てた」経験は85.5%が「ある」と回答していました。ペットや虫、魚などを飼っていたのは全体の73%、植物を育てていたのは61%ほどでした。

ほとんどの東大生が何らかの形で生き物を「育てた」経験があるという結果になりました。「ペットを飼う」ことについては住宅事情にもよります。それを踏まえると7割以上が生き物を飼っていたり、6割以上が植物を育てていたりしたというのは驚きました。私の場合は、マンションだったため犬や猫こそ飼えませんでしたが、お祭りですくった金魚を飼育しはじめてからというものペットショップでも金魚を買って育てたり、近くの川でザリガニを捕まえて育てていたりしていました。一度、夜に起きたとき、台所で物音がすると思ったらザリガニが蓋を開けて脱走していたことがあり、心臓が止まるかと思うほど驚いたのと同時に「ザリガニってそんなに飛び跳ねるんだ」「ザリガニって力強いんだ」というのを実感したのを覚えています。

植物でも、アサガオを育てることで「ほんとうに朝しか咲かないんだ！」「花が枯れたら種ができるんだ！」といったことを、オジギソウを育てることで「何で触ったらお辞儀するんだろう？」といったことを考える経験もありました。このように「何かを育てる中で得られる発見」は、ただ映像や図鑑で見るだけではなかなか得られないものです。実際に映像などで知っていたとしても、いざ目の前でそれが起こると印象深く残りますし、「やってみたら意外と難しかった」「想定外のことが起こった」というような経験もすることができます。さらに科学的な発見だけでなく、「愛情をこめて育てる」「成長や死の場面に立ち会う」というような、「生命を尊ぶ心」を育ててくれます。生きている以上、その命には限りがあるということを実際に体験を通じて知るということは大きな意味をもちます。

命と向き合うことで責任感が芽生える

もう一つ身につく姿勢が「最後まで責任をもって大切にする」ということです。まず、生き物の命は絶対に粗末に扱ってはいけません。子どもが生き物や植物に興味をもつと、「飼ってみたい」「育ててみたい」と言ってくることもあるかもしれません。必ずそのときに「最後まで責任をもって飼う／育てる」という取り決めをしましょう。犬や猫、金魚やカブトムシ・クワガタムシなどの虫、植物もみな命の価値に大小の差はありません。「命を育てる」ということの重みや、大変さを知ることで、子ども自身に責任感が芽生えますし、それが成長してからの倫理観に影響を与えます。

植物の場合、比較的手軽にできて発見も多い「朝顔」の鉢植えなどがよいかもしれません。1年間で育って枯れる植物ですし、プランターと支柱だけで楽しむことができるためおすすめです。

また、野菜やハーブなどの食べられる植物を育てるのもよいでしょう。東大生の回答でも家庭菜園でいろいろなものを育てていたという回答があったように「普段何気なく食べている野菜がどう育つのか」という発見もあります。家庭菜園なら、トマトやリーフレタスなどが規模も小さく育てやすいでしょうか。ほかにもバジル、しそなどの香草には小さい鉢で室内で育てられるものもあり、こういったものからはじめてみるのもよいかもしれません。私の場合は祖父母の家に庭があったため、イチゴやしそ、リーフレタスなどを育てて摘ませてもらっていました。育てたものを収穫して食べるという経験はなかなかできないものですし、「実際にやってみる」の最たるものです。ここから「農家の人はどうやってこれをたくさん育ててるんだろう?」というような考えに発展させることもできます。

比較的育てやすい生き物

東大生が育てていた「植物」

・アサガオ
・ヒマワリ
・トマト
・ゴーヤ
・チューリップ
・しそ、バジル
・ツユクサ

東大生が育てていた「動物」

・金魚
・亀
・カブトムシ、クワガタムシ
・アゲハチョウ(幼虫)

生き物を飼う場合、少しでも子どもに多くを任せたい、というのであれば金魚などの小さな魚、カブトムシなど寿命が1年以内の昆虫などを育てるのが手軽でしょう。東大生のアンケートでも圧倒的に数が多かったのが「金魚」で、次いで「カブトムシ・クワガタムシ」でした。金魚を飼う際は「急に冷たい水に入れるとびっくりするから最初は袋ごと入れて慣らす」「水道水に入っているカルキを抜かないといけない」など、「理由＋手順」を話しながら飼育する準備を一緒にできるとよいでしょう。カブトムシやクワガタムシ、コオロギなどは、「育てる経験をさせたいけど、そこまで時間をかけられない」という人によいでしょう。「スイカを食べさせるとお腹がゆるくなってしまうから昆虫ゼリーをエサにする」とか「土の中に潜るから柔らかい腐葉土を用意する」といった話をしながら準備をしてほしいですね。昆虫は、幼虫、さなぎ、成虫という理科で習う成長の過程を間近で観察するためにも、幼虫から育てることもおすすめです。

Creating Self-Motivated Learners : How to Develop Your Self-Confidence and Broaden Your Horizon

CHAPTER 3
39
THEME

海外・国内旅行で興味を深める体験を

「実際に体験してみる」価値のあるものの例として、普段と異なる文化や慣習が挙げられます。それを体験できる「海外旅行」や「国内旅行」について東大生にアンケートした結果から、「実際に体験してみること」や「自分の目で見てみること」がどのくらい重要なのか確認していこうと思います。私の場合は日帰り旅行なら年数回、泊りがけとなると数年に1回程度で、それほど頻繁には旅行に行っていませんでした。海外旅行は大学生になるまで行ったことがなかったのですが、そういった人はどれくらいいるのでしょうか。実際にアンケート結果を見ていくことにしましょう。

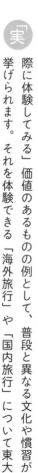

Q 12歳までに、海外に行ったことがありましたか?

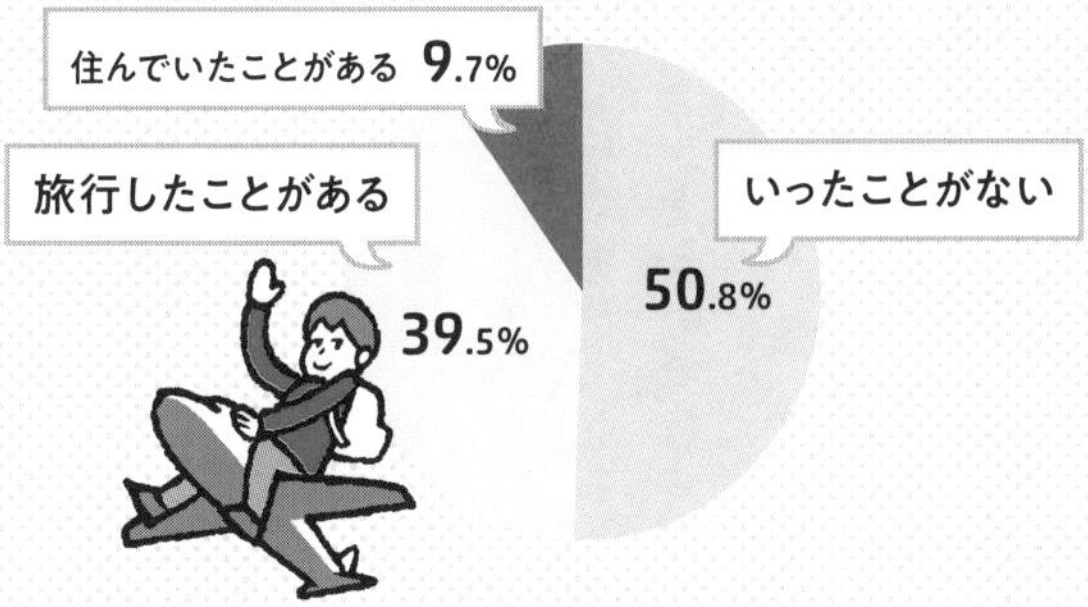

Q 12歳までに、どのくらい国内旅行に行っていましたか?

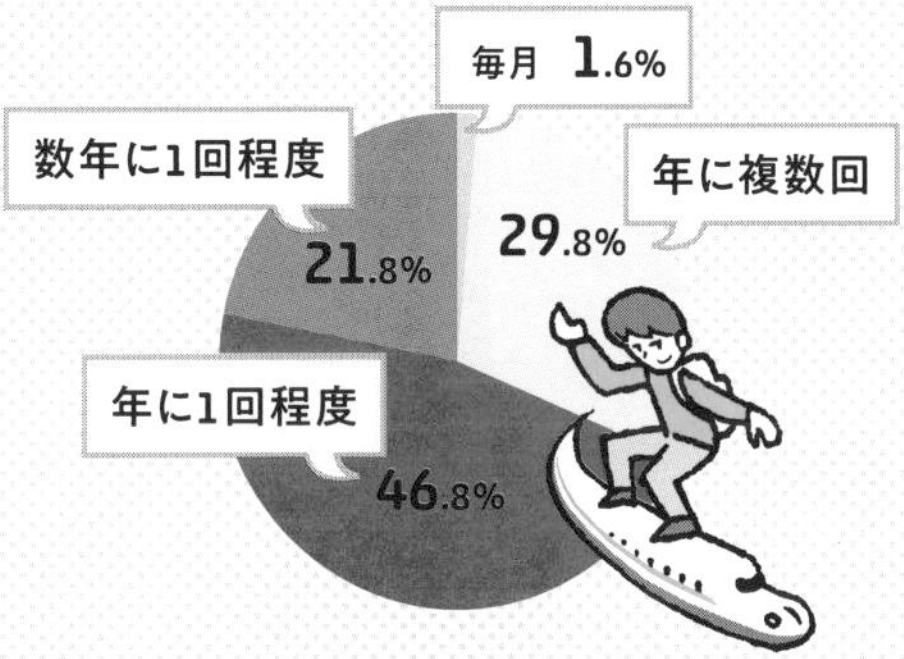

約半数が海外経験ありと回答!
4分の3が毎年国内旅行に行っているという結果に!

東大生へのアンケートでは39.5%が「海外旅行経験あり」、そしてなんと9.7%が「海外在住経験あり」と回答していました。国内旅行も年1回以上行く割合が78.2%という結果で、国内外に活発に足を運ぶ経験をしていることが伺えます。

旅行はいわば「非日常」を体験する機会です。この「非日常」で得られるメリットの一つに「自分の知識と実体験を紐づけて、より興味を深く掘り下げることができる」という点があります。たとえば、国内旅行でも、旅行先の駅で「この電車、家にある本で見た！」という発見をしたり、川や海などで「この魚、図鑑で見たことある！」と気づいたりすることがあります。やはり、もともと知識としてもっているものでも、実物を見ると強く印象に残り、理解も深まるものです。印象に残れば「後でまた調べてみよう！」と、そのまま学びの原動力にもなります。さらに、実際に体験してみることで新たな気づきも得られます。

海外旅行であればなおさら普段と違う言語や雰囲気、文化などがあるため、よりインパクトが大きいでしょう。

知識と体験を結びつける

強く印象として残り
学びが深まる

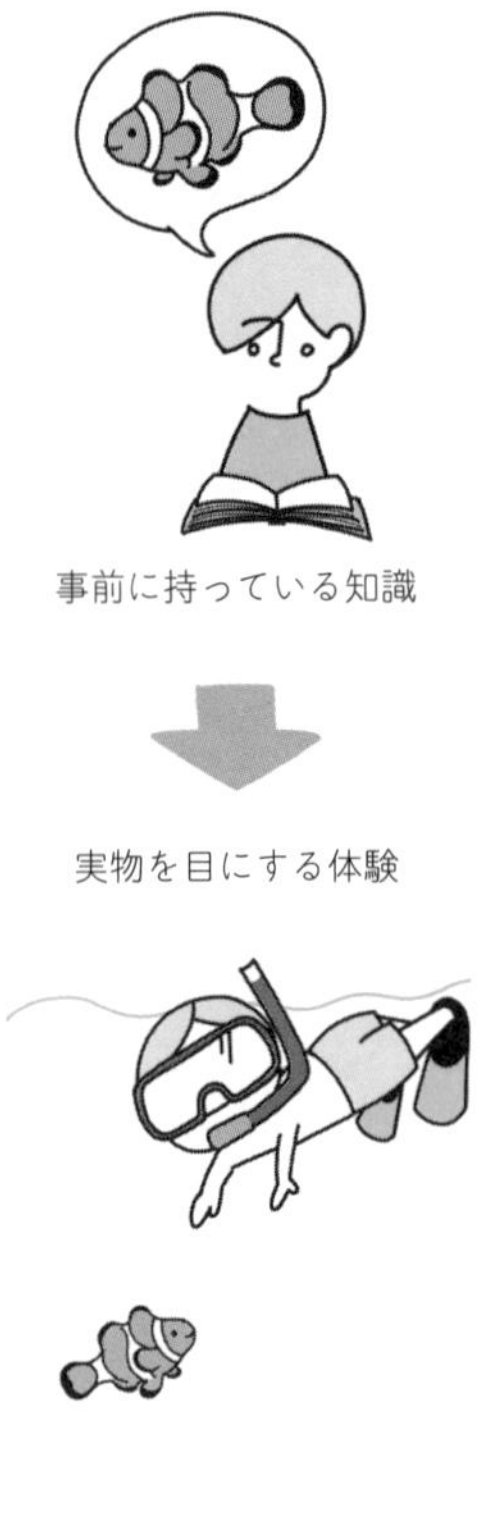

旅行のワクワク感が、感性のアンテナになる

旅行は「視野を広げる」ことにも役立ちます。旅行先で見つけたものや風景などが刺激になり、「自分が普段いる環境と全然違う環境があるんだ」と、いろいろなことに気づきます。私は熊本県出身で、親戚の家がある天草によく行っていたのですが、必ず通る「天草五橋」の看板を見ながら「連続トラス形式って何だ？」「ラーメン形式って何だ？」と調べたり、トンネルの名前をメモしたりしました。やはり、普段見ない景色や言葉など、日常と違う場所に身を置くことで、好奇心が刺激され、新たな分野に興味を広げていくことにつながるのでしょう。この「ワクワク感」と「新しいことを知る楽しさ」をうまく結びつけられると、子どもは「学び」のモードに一瞬にして切りかわるものです。

そのためには旅行先で博物館や郷土資料館に連れて行くことも一つの手ですが、そうでない場所、たとえば有名な観光地などでも、そこにある看板やパンフレットなどを積極的に手に取って歴史や自然について一緒に読んで話してあげるとよいでしょう。

“違い”に触れる

自分が普段いる環境
と異なる環境を知る

子どもの「気づき」に反応してあげる

日常から離れることで、子どもはささいな部分に気づき、ときに大人が驚いてしまうような鋭い指摘をすることがあります。そのとき、その気づきを拾って反応してあげることで、子どもは自信をもちます。できれば、その気づきに「何でだろうね、考えてみようか」と、さらなる思考を促してあげてください。

何も旅行だけが「非日常」というわけではありません。普段の生活の中でも地域のお祭り、田植えや畑仕事の手伝い、年末年始の家事の手伝いや正月料理の準備など、「非日常」を体験するチャンスは身近にあふれています。こうした日常でのささいな「非日常」を積極的に体験させてあげ、「実際にやってみる」ということ、「知っていることと紐づけること」を繰り返し、興味を深められるようにしてあげてほしいです。

非日常の体験

いつもと違うことが
刺激になって
知らないものに興味を
示すきっかけになる

CHAPTER 3

40

THEME

興味は親が誘導してもOK ただし強制しないこと

本書の最後に、「たくさんものに触れてみて、興味の幅を広げ、その中でより興味をもったものを掘り下げる」ことに、親がどのくらい介入すべきか、ということを考えていきましょう。

子どもが自分で好きなことを見つけられる場合はよいのですが、実際はあの手この手で親が誘導し、いろいろなところに連れて行ったり、興味のありそうなものをそろえたりする場合も多いでしょう。ここでは、「親が子どもにやらせたいこと」にどこまで誘導していいのか、保護者アンケートから紐解いてみることにします。

Q 子どもに興味をもってもらうために、親が誘導するのは良いことだと思いますか?

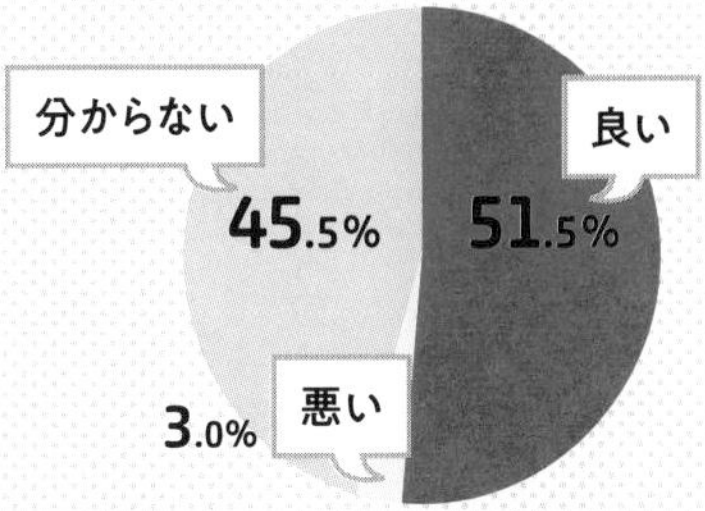

Q 子どもに興味をもってもらおうと、親が誘導したことがあれば教えてください。

- 図書館で少し難しい本を借りてきて、ほかの本に交ぜて置いておいた。
- キャンプや登山のようなアウトドアの活動によく参加させていた。
- 博物館とか美術館とかに積極的に連れて行った。

DATA

半数以上が「親からの誘導」への肯定派!

東大生保護者へのアンケートでは、51.5%が「誘導するのはよいこと」と考えているようでした。習い事や普段の活動など、意識して子どもが興味をもつよう誘導している場合が多いようです。

CHAPTER3を通じて、「いろいろなことに触れさせて、視野を広げることが、その後の人生や勉強面においてプラスになる」という話をしてきました。学ぶ↓視野を広げる↓特に興味のあるものを深めるというプロセスを重ねていくことで「勉強はつらいものではない」、「勉強は新しいことを知って身につけていく楽しいこと」という感覚がもてるようになることが、この本でいちばん伝えたかったことです。最後に、そうした「子どもの視野を広げる」ことに対して保護者がどこまで介入するべきかということを伝えていきます。

アンケートのとおり、「親から子どもに提案したり誘導したりする」ことについては肯定的な意見が多く挙げられました。私としても肯定的な立場です。子どもが自分の力で触れられる世界は限られてしまいます。行動範囲がどうしても「家」「学校」の間で完結してしまいがちなので、その圏内で触れられない経験や価値を自力で手にすることはほとんど不可能です。だからこそ、親がさまざまなものに触れるための手助けをしてあげることは悪いことではありません。

具体的にできることとしては「休日にどこかに連れて行く」「習い事に通わせる」「本やテレビ番組などで興味を広げる」などが挙げられます。このうち最も簡単に、かつ干渉し過ぎずにできるのが「本やテレビ番組などで興味を広げる」ことです。「さり気なく読ませたい本を置いておく」とか「見せたい番組をつけておく」といったやり方がアンケートでは多く挙げられました。子どもが自然と手に取るようにしてあげれば、子どもに「自分で興味をもてるものを見つけた」という感覚を与えてあげられるのでおすすめです。

主体性を尊重

「自分で選んだ」
という思いが
そのまま自尊心を高める
ことにつながる

そのものへの愛着も
強まる

何事にもあまり関心をもたないという場合は、もう少し親から積極的にはたらきかけるとよいでしょう。どこかへ連れて行くことも一つの方法です。その際に行く場所について、興味を引くような情報をインプットしたり、勉強になるような博物館、科学館などに一緒に行ったりすることもよいでしょう。私は10歳頃に鹿児島県の知覧特攻平和会館に連れて行ってもらい、思わず目をそむけたくなるほどの事実にショックを受けもしましたが、ものすごく印象に残ったのと同時に歴史に興味をもつようになったのを覚えています。親が興味をもっていることでもよいですし、「いろいろな文化に触れてほしい」「科学技術に興味をもってほしい」などの理由でも構いませんので、いろいろなところに連れて行ってあげてください。

習い事も、視野を広げるきっかけになります。THEME35で触れたように、なるべくいろいろなものを見せて、その中からやってみたいと思うものに絞っていくようにしましょう。習い事の場合、「学校」「家」と違うコミュニティができ、そこで見聞きすることが別の興味をもつきっかけにもなり得ます。

親から提案したりやらせたりすると良いもの（東大生の親の声）

本やテレビ番組などで触れさせる

・難しい本を置いておく。
・学習まんがを読ませた。
・旅行のときにパンフレットを読ませた。
・面白そうな本や新聞の切り抜きを置いておいた。

どこかへ連れて行く

・博物館や美術館に行かせていた。
・アウトドア活動に参加させていた。
・民族博物館などに連れていき、興味をもったものを聞いた。
・近場でもいいので国内旅行にたくさん連れて行っていた。

習い事に通わせる

・英会話
・そろばん教室
・ピアノ
・音楽に親しんでほしかったので、フルートを習わせた。
・合唱団に入れた。

親が介入するのは「視野を広げる」ところまで

視野を広げるには、いろいろな手段がありますが、興味を「掘り下げる」という点においては親がどこまで関与するかは難しいところです。気をつけるべきポイントは、あくまで「興味を掘り下げるのは子ども自身であって、親はそれを強制すべきではない」ということです。親としては「視野を広げる」というところだけ関わってあげて、熱中できるものが見つかるまではただ見守ってあげること、見つかったらそれを満足できるまで突き詰めることができるようにサポートに徹しましょう。

ただ見守る

親は子どもの視野を
広げることはできるが
行動するのは
子ども本人

親にとって
いちばん葛藤があるのは
「ただ見守る」ことの難しさ

子どもの視野を最大限広げ、いろいろなことに触れさせたり、体験させてあげたりする中で、「知ることを楽しい」と子どもが思えるようになることを目指してほしいと思っています。

「子どもの興味に任せる」派の親の声

CHECK!

（誘導したものは）特にないが、興味をもったものに対しては満足できるように協力した。

親のほうから提案したことはありません。本人が興味があるといったことを応援するという姿勢でした。

クラシックバレエやピアノ、水泳などの習い事はすべて体験させてから本人の希望を聞いて始めさせた。

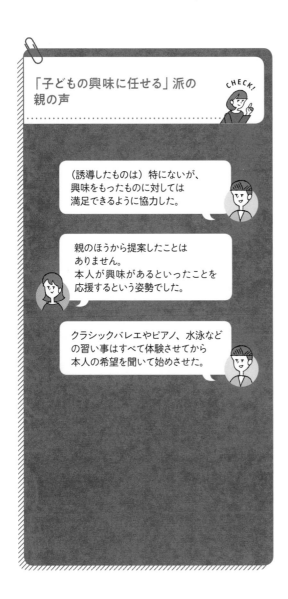

夢中になれるものがある子は強い!

本書で最もお伝えしたかったのは、「夢中になれるもの」を見つけてほしい、ということです。何かに夢中になることで「学びを深めることの楽しさ」を知ることができるだけでなく、「これについては詳しく知っている!」と思えることで、自分に自信が持てるようにもなります。「学びを深めることの楽しさ」を知っていれば、学校の勉強にも楽しさを見出せますし、自分に自信がある子はどんなことにも意欲的に取り組めるようになります。そうすると、勉強がどんどんできるようになっていきます。他人と自分を比べ始める10歳頃の子どもにとって、「自信がある」ということはとても重要なことなのです。

「夢中になれるもの」を見つけるためには、「視野を広げること」がまずなによりも大切です。子どもに広い世界を見せることを意識して、ぜひ様々な機会を与えてあげてください。あとは基本的には見守ってあげつつ、子どもの自主性に任せて必要なときにサポートをするくらいにしておきましょう。私の場合、誕生日ごとに図鑑を買ってくれたり、頻繁に博物館やプラネタリウムに連れて行ってくれたりしたおかげで、たくさんの「夢中になれるもの」に出会いました。そして、今なお新しいことを調べたり知らないことを探求したりという好奇心として残っています。視野を広げるきっかけをたくさん与えてくれた親には、とても感謝しています。

本書ではそうした親の関わり方の「ヒント」になる視点をたくさん挙げたつもりです。これが少しでもみなさまの役に立ち、子どもたちが自分に自信をもって、成長した後もずっと意欲的に勉強に向き合えるようになれば、これ以上の喜びはありません。

橋本拓磨

橋本拓磨
HASHIMOTO TAKUMA

大学受験学習塾STRUX 塾長、株式会社ONER 創業メンバー、勉強法サイト「ストマガ」監修、東京大学法学部卒。地方トップの高校に首席入学、文系首席で卒業。自ら計画を立て、志望校から逆算して勉強を進めることで東京大学文科1類に現役合格。大学進学時に上京し、地方と首都圏の情報量の格差を目の当たりにしてからは、首都圏の高校生と地方の高校生が平等に自分の行きたい大学へ行けるよう、オンライン授業も展開する「学習塾STRUX」や勉強法サイトの立ち上げに携わり、計画の立て方や勉強法を伝えている。

PRODUCTION STAFF

ブックデザイン
新井大輔 中島里夏(装幀新井)

本文イラスト(アンケートページ)
岡野賢介

本文イラスト(図解イラスト)
半田智穂

企画編集
髙橋龍之助(学研)

編集協力
半田智穂

校正
佐藤玲子

制作協力
木村叡(学研)

販売担当
下里美紗子 森谷展子(学研)

販売担当
株式会社四国写研

印刷
株式会社リーブルテック

アンケートにご協力いただいた方(順不同/敬称略)
※書籍へのお名前の掲載を許可いただいた方のみ記載しております

鈴木雅也/小野木洸介/堀内美佑/高田悠介/浅井雄大/櫻井円香/岡田洸也/鶴山英樹/芦澤匠/森裕大朗/合原亘志/松野尭之/石井健太/佐々木雄大/岩崎航/竹尾俊邦/佐藤健人/松浦柊/八代龍門/Ryo Sekizawa/嶋田侑眞/蓑田浩史/西田徳成/錦戸智弘/渡邉貴史/宮本祐帆/関大輔/山本実侑/水野港/鈴木貴博/菊地智洋/相馬豪/黒木海仁/森台/森隆太郎/中村仁哉/河合宏紀/松嶋篤志/安藤帆菜美/近藤俊太朗/下村光彦/岡本拓真/姫野由宇/谷川晃介/野呂聖弥/浜部里美/富澤拓哉/大塲理歩/松村美貴也/稲垣裕也/横川達月/山我直義/古谷健多/河野遥希/木下遥介/小坂井璃子/石川稜也/藤岡昌汰/井上輝義/蓑島雅俊/三須隼太/吉開星玲/田中優之介/梶ヶ谷悠希/顧元琪/西岡壱誠/藤澤興平/篠原麻佑/楠侑真/日比野仁志/加茂野照大/吉田勇人/成澤直輝/杉本直之/新井拓朗/土屋沙裕喜/高坂州/畑仲基希/堀内亮佑/澤田悠太郎/淡路広喜/内山暖太/三村祥太郎/坂本葉月/山田昇吾/坂田一馬/遠藤武史/磯上樹/高橋健太/横山航平/藤田直輝/鎌田隆聖/藤田玲雄/奥永哲哉/竹村知洋/浅木陽/内山修一/磯部伸/佐野正泰/岡遼汰郎/馬場俊輝/長井ゆき/江口小夏/山口航平/花村優太/河尻拓磨/高橋唯/齋藤慎平/東一織/矢野雄己/成瀬皓太/三浦菜々実/鈴嶋克太/加藤憲弥